よくわかる

国家公務員の医療・年金ガイドブック

～令和6年度版～

工藤哲史 著

一般社団法人 共済組合連盟

はしがき

現行の国家公務員共済組合制度は、公的医療保険制度及び公的年金制度の一環として、昭和 33 年の制度発足以来、組合員である国家公務員の在職中及び退職後の生活の安定と福祉の向上に寄与してきました。

その間、少子化や高齢化の進行等、社会保障をめぐる社会経済状況の変化に的確に対応するため、適宜制度の見直しが行われてきました。

近年の医療保険部門においては、平成 14 年 10 月から 70 歳以上の患者の一部負担が定額制から定率制に移行し、また平成 15 年 4 月からは 70 歳未満の患者負担が 3 割に統一されるとともに、退職後の継続療養制度の廃止や任意継続組合員制度の適用期間の縮小などの改正が行われています。

さらに、平成 18 年 10 月から高齢者の患者負担割合や高額療養費の負担限度額等が見直されるとともに入院時生活療養費制度、保険外併用療養費制度等が創設され、また平成 19 年 4 月からは 70 歳未満の入院患者についても高額療養費の現物給付化が図られる等の改正も行われました。

その後、平成20年4月から医療保険と介護保険の両方を利用する世帯の負担を軽減するために、高額介護合算療養費制度が導入されるとともに、従来の退職者医療や老人保健制度を発展的に承継した新たな制度として前期高齢者に係る医療保険者による財政調整システムや後期高齢者医療制度が施行され、平成24年には高額療養費の現物給付化が外来を含め全面実施されるに至りました。

一方、年金部門では、昭和 61 年に共済年金制度にも基礎年金制度を導入するためのかつてない抜本改正が実施され、その後も平成 12 年には 5%の給付水準の適正化措置が講じられ、また平成 16 年の制度改正では給付と負担の長期的な均衡を図るための措置として、支給開始年齢の引上げやマクロ経済スライドが導入されました。

そして、平成 27 年 10 月、年金財政の範囲を拡大して制度の安定性を高める等により、年金制度の公平性を確保し、公的年金に対する国民の信頼を高めるための被用者年金制度の一元化が行われました。

この被用者年金制度の一元化に伴い、公務員や私立学校教職員も厚生年金保険に加入することとなり、同時に、共済年金の職域加算額が廃止され、公務員制度の一環としての新たな退職等年金給付制度が創設されました。

本書は、令和５年度版に加筆修正を行って、医療及び年金の保険制度の改正内容を可能な限り直近まで織り込み、令和６年４月現在における国家公務員の医療、年金の両保険制度についてとりまとめたものであります。

殊に、医療保険制度に関しては、令和３年６月に成立した「全世代対応型の社会保障制度を構築するための健康保険法等の一部を改正する法律」による育児休業中の保険料の免除要件の見直し等の改正内容について盛り込んでおります。さらに、令和４年10月からの短時間労働者への短期給付の適用拡大や標準報酬の等級及び月額の改正内容についても盛り込んでおります。

また、年金制度に関しては、被用者年金制度の一元化後公務員に適用される厚生年金保険制度を公務員の側から全体像をできるだけわかりやすく整理し、ポイントを捉え紹介するとともに、新たに創設された退職等年金給付制度の直近の概要や一元化前の加入期間に係る旧職域加算額に相当する経過的職域加算額の取扱い等についても解説を試みております。

新しい制度に関する知識・理解を一層深めていただくための手引書として本書が引き続きご活用いただけますならば、まことに幸いに思います。

令和６年５月

工藤　哲史

目　　　次

本文は特記のない限り原則として**令和６年４月１日**において施行されている法律等の内容で記述しており、年金額等の金額は令和６年度価格で表記しています。

（巻末付録）

法 令 名 の 略 称

本書において使用した法令名の略称は、次のとおりです。

国共済法	国家公務員共済組合法（昭和33年法律第128号）
国共済法施行令	国家公務員共済組合法施行令（昭和33年政令第207号）
国共済法施行規則	国家公務員共済組合法施行規則（昭和33年大蔵省令第54号）
厚年法	厚生年金保険法（昭和29年法律第115号）
厚年法施行令	厚生年金保険法施行令（昭和29年政令第110号）
昭和60年国共済法等改正法	国家公務員等共済組合法等の一部を改正する法律（昭和60年法律第105号）
昭和60年国民年金法等改正法	国民年金法等の一部を改正する法律（昭和60年法律第34号）
年金一元化法	被用者年金制度の一元化等を図るための厚生年金保険法等の一部を改正する法律（平成24年法律第63号）
年金一元化国共済経過措置政令	被用者年金制度の一元化等を図るための厚生年金保険法等の一部を改正する法律の施行及び国家公務員の退職給付の給付水準の見直し等のための国家公務員退職手当法等の一部を改正する法律の一部の施行に伴う国家公務員共済組合法による長期給付等に関する経過措置に関する政令（平成27年政令第345号）
年金一元化厚年経過措置政令	被用者年金制度の一元化等を図るための厚生年金保険法等の一部を改正する法律の施行に伴う厚生年金保険の保険給付等に関する経過措置に関する政令（平成27年政令第343号）

以上のほか、各年の制度改正に伴う改正法附則等の関係法令についても、公布年等を付して適宜略称を用いている場合があります。

■第１章 医療・年金保険制度の基本体系

わが国の社会保障制度と公務員の適用関係

国家公務員の医療・年金保険制度の解説にあたって、まずわが国の社会保障制度の概要（厚生労働省ホームページから引用）とその中で国家公務員に適用されている制度の位置づけについて紹介します。

■　社会保障とは

私たちの人生には、自分や家族の病気、障害、失業、死亡など様々なリスクが潜んでおり、また、健康で長生きすることは望ましいことではありますが、だれにも自分の寿命はわからず、老後の生活費が不足するリスクもあります。このように誰もが助けを必要とする状態になる可能性があり、また、やむを得ない事情から様々な助けを必要としている人々がいます。そこで、個人の力だけでは備えることに限界がある生活上のリスクに対して、幾世代にもわたる社会全体で助け合い、自立した生活を支援する仕組みが社会保障です。

■　日本の社会保障制度

日本の社会保障制度は、憲法における「すべての国民は、健康で文化的な最低保障の生活を営む権利を有する」という生存権の保障を具体化するものとして充実が図られ、主に社会保険料で運営される「社会保険」を社会保障の中心として、「社会福祉」、「公的扶助」や「公衆衛生」がそれぞれ補足する形で発展してきました。

「社会保険」は、事前に保険料を拠出することによって給付を受けることができる仕組みとなっており、現在、病気やケガをした場合に保険証１枚で受けた医療に係る給付を行う「医療保険」、高齢期や障害の状態にある人の生活を支える年金給付を行う「年金保険」、加齢に伴って必要となった介護に係る給付を行う「介護保険」や、失業・育児休業・介護休業等の場合の生活・雇用の安定や就職促進のための給付（雇用保険）及び仕事による病気やケガをした場合に補償（労災保険）を行う「労働保険」などがあります。

これら社会保険は、法律で国民の加入を義務づけて、賃金などの拠出能力等を踏まえた負担や給付を行っております。また、国や地方公共団体も費用の一部を拠出するほか、サラリーマンが加入する保険では、その勤務先の企業などの事業主も保険料を拠出する仕組みとなっています。

一方、「社会福祉」、「公的扶助」や「公衆衛生」は、税金を主な財源として給付を行う仕組みであり、国や地方公共団体の施策として、金銭や様々なサービスが提供されています。

■ 社会保険

⑴ 医療保険

日本では、全ての人々が公的な医療保険制度に加入し、病気やケガをした場合にだれでも必要なときに必要な医療を、保険証を使って受けることができる「国民皆保険」となっています。収入や健康状態にかかわらず原則すべての人が加入し、保険料を拠出することによって社会全体でリスクを分担することで、経済的な理由で必要な医療が受けられないといったことがないようにされています。なお、民間サラリーマンや公務員などの被用者に扶養されている配偶者や子供の医療給付費用については、被用者が加入する医療保険の収入によって賄われることとされています。

医療保険には、自営業者、年金生活者等が加入する「国民健康保険」、中小企業のサラリーマンが加入する「協会けんぽ」、大企業のサラリーマンが加入する「健康保険組合」や公務員等が加入する「共済組合」がありますが、75歳以上の人や65歳以上75歳未満の寝たきり等一定の障害の状態にある人は「後期高齢者医療制度」に加入することとされています。

（参考）令和５年度予算ベース

	加入者数	保険者数
国民健康保険	約2,750万人	約1,900（市町村国保＋国保組合）
協会けんぽ	約3,890万人	1
健康保険組合	約2,790万人	約1,400
共済組合	約 970万人	85
後期高齢者医療制度	約1,970万人	47（広域連合）

医療保険の対象となる医療を提供する保険医療機関の窓口において保険証を提示することで、原則として医療費の３割（注）の自己負担額を支払うことにより医療を受けることができます。なお、自己負担額が高額となる場合もあることから、医療費負担が過重なものにならないよう、月ごとの負担額が一定の限度を超えた場合には、その超過分について別途給付を受けることができる「高額療養費」や、様々な給付も設けられています。

（注）義務教育就学前の子供は２割、70歳から74歳までの者は２割、75歳以上の者は１割（令和４年10月から一定所得以上の者は２割）となっていますが、70歳以上で現役世代並み所得者は３割となっています。子供については、地方自治体が独自に自己負担割合を軽減している場合もあります。

⑵　年金保険

私たちは、自分の親が引退して収入がなくなったときや、想定外の病気により治療費を支払ったり、予想以上に長生きしたりすることで貯蓄が尽きてしまったときは、同居や仕送りによって私的に支えることが必要となりますが、個人の力だけでそれに備えるには限界があります。

日本の公的年金制度は、こうした予測できないリスクに対して、現役世代全員で拠出した保険料を仕送りのようにそのときの高齢者などに給付する仕組み（賦課方式）を設けることにより、世代を超えた社会全体で事前に備えるものであります。

公的年金は、この仕組みにより、社会全体の賃金や物価の水準が急に上がってもそれに合わせて給付水準を引き上げることができ、生涯にわたって実質的な生活水準の維持に配慮した給付という、私的な貯蓄では不可能な老後の安定的な所得保障を行っています。また、若くして重度の障害によって働けなくなった場合や、一家の大黒柱を失って遺族になった場合にも、年金給付を受けることによってその後の生活を支える役割も果たしています。

日本の公的年金制度は、「２階建て」の仕組みになっており、20歳以上の人は、大学生やフリーターも含めて全員が「国民年金（基礎年金）」に加入し、原則として60歳までの40年間、毎月保険料を拠出します（注）。また、70歳未満の民間サラリーマンや公務員などの被用者は、「厚生年金」にも加入し、国民年金の保険料分も合わせた保険料を事業主との折半負担により拠出します。

（注）学生納付特例制度、保険料免除制度や納付猶予制度が設けられています。また、被用者に扶養されている配偶者は、国民年金の保険料拠出はありません。

高齢になったときは、原則として65歳から「老齢基礎年金」が受け取れ、厚生年金にも加入していた人は「老齢厚生年金」も受け取ることができます。また、障害年金や遺族年金にも基礎年金と厚生年金があります。

⑶　介護保険

近年、我が国の高齢化の進展とともに、加齢に伴って生じる身体上又は精神上の障害があるために、入浴、排せつ、食事等の日常生活における基本的な動作について介護が必要と見込まれる状態にある人々が増加しています。このような人々がその有する能力に応じて自立した日常生活を営むことができるように、必要な給付を行うため介護保険制度が設けられています。

この介護保険制度は、市町村が運営しており、40歳になったら加入し、所得水準に応じた保険料を拠出します。介護が必要となったときは、１割（一定所得以上の人は２割（特に所得の高い者は３割で月額 44,400 円の上限あり））の利用者負担で介護サービスを受けることができるという、従来家族で行ってきた介護を社会化した制度となっています。

⑷　労働保険

労働保険は、政府が管掌する保険制度で、労働者を雇用した場合に労働保険の適用事業となり、労働保険料を納付することとなります。なお、この労働保険は、雇用保険と労働者災害補償保険（労災保険）を総称したものです。

労働者が失業や育児・介護のため雇用の継続が困難となることなどの事態が生じることがあります。「雇用保険」は、このような事態が生じた場合や、自ら職業に就くための教育訓練を受けた場合に必要な給付を行うことにより、労働者の生活・雇用の安定や求職活動を容易にすることなどを目的として設けられているものです。この制度は、労使が負担する保険料と国の一部負担によって運営されています。公務員はこの制度が適用されていませんが、育児休業や介護休業を取得した場合には、公務員が加入している医療保険制度（共済組合）から、雇用保険の育児休業や介護休業に係る給付と同様の給付を受けることができるようになっています。

また、「労災保険」は、労働者が業務を原因として被った病気、ケガや死亡（業務災害）に対して必要な給付を行うことによって労働者の社会復帰の促進や労働者とその遺族の援護等を図るために設けられているもので、事業主が負担する保険料によって運営されています。公務員はこの制度が適用されておらず、これに相当する制度（国家公務員災害補償制度など）が別途設けられています。

■ 「社会福祉」、「公的扶助」及び「公衆衛生」

「社会福祉」は、障害者、母子家庭など社会生活を送る上でハンディキャップを負っている人々が、そのハンディキャップを克服して、安心して社会生活を営めるよう、公的な支援を行う制度（児童福祉、障害者福祉など）です。

「公的扶助」は、生活に困窮する人々に対して、最低限度の生活を保障し、自立を助けようとする制度（生活保護制度）です。

また、「公衆衛生」は、人々の健康を守るための病気の予防、積極的な健康づくりを公的に行う仕組み（感染症予防、予防接種など）です。

国家公務員の医療・年金保険制度の基本体系

国家公務員の医療・年金保険制度は、国家公務員の病気、負傷、出産、休業、災害、退職、障害若しくは死亡又はその被扶養者の病気、負傷、出産、死亡若しくは災害に関して、共済組合の制度を設け適切な給付を行うことによって、国家公務員やその遺族の生活の安定と福祉の向上に寄与するとともに、国家公務員の職務の能率的運営に資することを目的としています（国共済法１条１項）。

すなわち、国家公務員の医療・年金保険制度は、民間の被用者（サラリーマン）に適用される健康保険制度に相当する短期給付及び福祉事業を、また厚生年金保険法に基づく厚生年金保険給付を総合的に行う社会保険制度であることに加え、公務の能率的運営に資することを目的とした退職等年金給付制度を設けることによって、特殊な服務規律の下にいる国家公務員にふさわしい給付をしようとする公務員制度の一環としての人事管理的性格をも有している制度であるといえます。

このため、共済組合の健全な運営と発達が図られるよう、国及び独立行政法人通則法第２条第４項に規定する行政執行法人は、いわゆる事業主としての立場で必要な配慮を加えるものとする旨の規定が、国共済法に設けられています(国共済法１条２項）。行政執行法人は、その役職員が国家公務員の身分を有する法人であり、国立公文書館、統計センター、造幣局、国立印刷局、農林水産消費安全技術センター、製品評価技術基盤機構及び駐留軍等労働者労務管理機構の７法人となっています。

第1節　共済組合

国家公務員共済組合は、民間の健康保険に相当する短期給付や福祉事業（組合員等の健康の保持増進のための事業、保養所、病院等の経営、臨時の支出に対する貸付等の事業。高齢者の医療の確保に関する法律による特定健康診査及び特定保健指導もこの福祉事業で実施されています＝国共済法98条１項１号の 2）のほか厚生年金保険法に基づく保険給付や公務員制度の一環としての退職等年金給付を行うこととされており、各省各庁ごとにその所属する職員及びその所管する独立行政法人のうちの行政執行法人の職員をもって組織する共済組合を設けることとされています（国共済法３条１項）。具体的には、衆議院、参議院、内閣、総務省、法務省、外務省、財務省、文部科学省、厚生労働省、農林水産省、経済産業省、国土交通省、防衛省、裁判所及び会計検査院の 15 の共済組合があり（環境省に所属する職員については、内閣共済組合に属しています（国共済法２条１項７号））、このほか、勤務の特殊性などを考慮して同一省庁内で特定の職員をもって組織する複数の共済組合を設けることができることとされ、刑務、厚生労働省第二及び林野庁の3共済組合が設けられています（国共済法3条2項）。

また、平成19年10月に、これまで国が行ってきた郵政事業の民営化により、日本郵政公社は、現在の「日本郵政株式会社」、「日本郵便株式会社」、「郵便貯金銀行(ゆうちょ銀行)」、「郵便保険会社（かんぽ生命）」及び「独立行政法人郵便貯金簡易生命保険管理・郵便局ネットワーク支援機構」に分割移行しましたが、当分の間、引き続きこれらの法人及びその関係会社等の役職員をもって組織する共済組合を設けることとされています（国共済法附則20条の2）。

さらに、共済組合の行う事業のうち共同して行うことが適当と認められるものとして、厚生年金保険給付及び退職等年金給付の決定や支払、退職等年金給付の掛金率・負担金率の計算、これらの給付に係る積立金の管理、運用などの業務及び宿泊施設や病院を経営するなどの福祉事業を実施するために国家公務員共済組合連合会（以下「連合会」といいます）が設けられていますが（国共済法21条）、この連合会役職員をもって組織する共済組合を別途設置することができることとされており（国共済法126条）、これらをあわせて現在20の共済組合が設けられています。

共済組合別組合員・被扶養者数（国共済）

令和3年度末（単位；千人）

組合名	組合員	被扶養者	組合名	組合員	被扶養者
衆議院	3	2	国土交通省	65	68
参議院	1	1	防衛省	265	296
内閣	14	12	裁判所	25	19
総務省	6	5	会計検査院	1	1
法務省	32	25	刑務	23	29
外務省	7	7	厚生労働省第二	75	44

財務省	78	70	林野庁	6	6
文部科学省	177	147	日本郵政	228	204
厚生労働省	32	23	連合会職員	12	8
農林水産省	22	21			
経済産業省	12	11	合計	1,084	1,000

（注）任意継続組合員（14千人）とその被扶養者（9千人）、継続長期組合員(3千人)及び後期高齢者組合員（52人）は含んでいません。

共済組合の業務に従事するいわゆる共済組合職員は、当該共済組合を組織する職員とみなすこととされており、それぞれの共済組合に属しています（国共済法125条）。

それぞれの共済組合においては、短期給付事業、厚生年金保険給付及び退職等年金給付に係る掛金徴収などの業務や各種の福祉事業を行っていますが、このほか、短期給付財政調整事業が連合会において、財形融資事業が共済組合及び連合会において、それぞれ行われています（国共済法附則14条の3、14条の4）。

《地方公務員共済組合》

地方公務員共済組合の場合は、都道府県市町村等の職員の区分に応じて現在64の共済組合が設けられており、それぞれの共済組合が短期給付や福祉事業を行うほか、地方職員共済組合、公立学校共済組合、警察共済組合及び東京都職員共済組合は、厚生年金保険給付及び退職等年金給付の決定や支払、これら給付の積立金の管理等の業務も行っています。

また、指定都市職員共済組合（10組合）、市町村職員共済組合（47組合）及び都市職員共済組合（3組合）の厚生年金保険給付及び退職等年金給付の決定・支払、これら給付の積立金の管理等、短期給付の財政調整、育児・介護休業手当金に関する共同事業、災害給付積立金の管理等を目的として「全国市町村職員共済組合連合会」が設けられています。

なお、退職等年金給付の掛金率・負担金率の計算、厚生年金保険給付及び退職等年金給付の係る積立金の一部の管理等、基礎年金拠出金の納付に関する事務や介護保険料の納入に関する事務等は、一括して「地方公務員共済組合連合会」が行っています。

共済組合別組合員・被扶養者数（地方共済）

令和３年度末（単位；千人）

組合名	範　　囲	組合員	被扶養者
地方職員(1)	道府県の職員（公立学校及び警察共済組合の組合員は除きます）及び地方団体関係団体の職員	330	270
公立学校(1)	公立学校の職員並びに都道府県教育委員会及びその所管に属する教育機関（公立学校は除きます）の職員	1,061	724
警察(1)	警察庁、皇宮及び各都道府県警察職員	298	386
東京都職員(1)	東京都の職員（特別区の職員を含み、公立学校及び警察共済組合の組合員は除きます）	125	90
指定都市職員(10)	札幌市、横浜市、川崎市、名古屋市、京都市、大阪市、神戸市、広島市、北九州市及び福岡市の職員（公立学校共済組合の組合員は除きます）	1,225	1,081
市町村職員(47)	都道府県ごとに区域内の全市町村職員（公立学校、指定都市職員及び都市職員共済組合の組合員は除きます）		
都市職員(3)	北海道都市（函館、小樽、旭川、室蘭、帯広、岩見沢、夕張、網走、美唄、苫小牧、稚内、留萌）、仙台市及び愛知県都市（豊橋、岡崎、一宮、瀬戸、半田、春日井、豊川、津島、碧南、刈谷、豊田、安城）の市職員（公立学校共済組合の組合員は除きます）		
合　計		3,039	2,550

（注）任意継続組合員（36千人）とその被扶養者（19千人）及び継続長期組合員（1千人）は含んでいません。

組合名のカッコ書は共済組合数で、令和6年4月1日現在です。

《私立学校教職員共済》

私立学校教職員共済制度の場合は、共済組合が設けられておらず、「日本私立学校振興・共済事業団」が事業の実施主体となり、短期給付、厚生年金保険給付及び退職等年金給付並びに福祉事業を行っています。令和３年度末における任意継続加入者（17 千人）を除く加入者数は 595 千人で、その被扶養者数は 334 千人となっています。

第2節　組合員資格の得喪及び組合員の範囲

国共済法では、職員となった者は、その職員となった日から組合員の資格を取得し、その組合員が死亡し又は退職したときはその翌日から組合員の資格を失うとされており（国共済法37条1項、2項）、この国共済法の「職員」に該当する次の者（国共済法2条1項1号）が組合員ということになります。

①　常時勤務に服することを要する国家公務員

いわゆる常勤の国家公務員ですが、独立行政法人のうち国家公務員の身分が与えられる行政執行法人の常勤の役職員も当然に含まれます。この他に、一般職給与法の適用を受ける職員を例にとれば、常勤の国家公務員ではありませんが、次のアからスまでに該当する者（2月を超えて使用されることが見込まれないものを除きます）は国共済法の職員とされ（国共済法施行令2条1項）、組合員の資格が与えられます。

ア　国家公務員法第79条又は第82条の規定により休職又は停職の処分を受けた者

イ　労働組合等の専従休職者

ウ　国際機関等に派遣される一般職の国家公務員の処遇等に関する法律第2条第1項の規定により国際機関等に派遣された者

エ　国家公務員の育児休業等に関する法律第3条第1項の規定により育児休業をしている者又は同法第13条第1項に規定する育児短時間勤務職員

オ　国と民間企業との間の人事交流に関する法律第8条第2項に規定する交流派遣職員

カ　法科大学院への裁判官及び検察官その他の一般職の国家公務員の派遣に関する法律第11条第1項の規定により派遣された者

キ　判事補及び検事の弁護士職務経験に関する法律第2条第7項に規定する弁護士職務従事職員

ク　国家公務員の自己啓発等休業に関する法律第2条第5項に規定する自己啓発等休業をしている者

ケ　国家公務員の配偶者同行休業に関する法律第2条第4項に規定する配偶者同行休業をしている者

コ　国の歳出予算の給与支出科目の常勤職員給与の目から俸給が支給されている者

サ　期間業務職員等の非常勤国家公務員で、常勤国家公務員について定められている勤務時間により勤務することを要することとされている者

シ　1週間の所定勤務時間及び1月間の勤務日数が常勤職員について定められている1週間の所定勤務時間及び1月間の勤務日数の4分の3以上である者

ス　次のいずれにも該当する者

(ア)　1週間の所定勤務時間が20時間以上であること

(イ)　標準報酬の月額の資格取得時決定時と同様の方法により算定した報酬月額が88,000円以上であること

(ウ)　学校教育法で定める高等学校の生徒、大学の学生等でないこと

逆に常勤職員であっても、次の(ア)から(エ)に該当する者は、国共済法の職員の範囲から除くこととされています（国共済法施行令2条2項、国共済法施行規則2条の4）。

(ア)　国家公務員法第60条第1項の規定により臨時的に任用された者であって、2月を超えて任用されることが見込まれないもの

(イ)　国家公務員の育児休業等に関する法律第7条第1項又は国家公務員の配偶者同行休業に関する法律第7条第1項の規定により臨時的に任用された者であって、2月を超えて任用されることが見込まれないもの

(ウ) 国家公務員の育児休業等に関する法律第7条第1項の規定（育児休業職員の官職への採用及び臨時的任用）、人事院規則8-12（職員の任免）第42条第2項の規定（3年以内に廃止予定の官職・5年以内に終了予定の科学技術研究業務内容の官職・8週間以内の産休職員の官職への採用）、国と民間企業との間の人事交流に関する法律第19条第1項の規定（官民交流職員の採用）、一般職の任期付職員の採用及び給与の特例に関する法律第3条第1項又は第2項の規定（任期付職員の採用）、科学技術・イノベーション創出の活性化に関する法律第14条第1項（任期付外国人研究公務員の採用）、国家公務員の配偶者同行休業に関する法律第7条第1項第1号の規定（任期付配偶者同行休業職員の官職への採用）及び国家公務員法等の一部を改正する法律(令和3年法律第61号)附則第4条第1項又は第2項の規定（65歳前旧再任用及び暫定再任用）により2月を超えて任用されることが見込まれない者

(エ) 国及び行政執行法人から給与を受けない者

この結果、上記(ア)から(エ)に該当しない任期付任用職員、任期付研究員などの常時勤務者は、任期付であっても国共済法の職員の範囲に含まれ、組合員とされる取扱いとなります。

② 行政執行法人以外の独立行政法人及び国立大学法人等に常時勤務することを要する者等

行政執行法人以外の独立行政法人（国立研究開発法人、中期目標管理法人）のうち国の機関から分離独立した教職員支援機構、国立高等専門学校機構、大学改革支援・学位授与機構、経済産業研究所、国立がん研究センター、国立循環器病研究センター、国立精神・神経医療研究センター、国立国際医療研究センター、国立成育医療研究センター及び国立長寿医療研究センターの各法人並びに国立病院機構、設立後中期計画終了時の見直し等により公務員型の独立行政法人から非公務員型の独立行政法人となった産業技

術総合研究所等下記の26法人並びに国立大学法人等（国立大学法人及び大学共同利用機関法人）に常時勤務することを要する者は国共済法の職員そのものではありませんが、職員とみなされ、組合員として扱われます（国共済法124条の3）。

設立後中期計画終了時の見直し等で非公務員型の独立行政法人に移行した主務省別26法人（令和6.4.1現在）

総務省　情報通信研究機構	1法人
財務省　酒類総合研究所	1法人
文部科学省　国立特別支援教育総合研究所、大学入試センター、国立青少年教育振興機構、国立女性教育会館、国立科学博物館、物質・材料研究機構、防災科学技術研究所、国立美術館、国立文化財機構	9法人
厚生労働省　国立健康・栄養研究所	1法人
農林水産省　家畜改良センター、農業・食品産業技術総合研究機構、国際農林水産業研究センター、森林研究・整備機構、水産研究・教育機構	5法人
経済産業省　工業所有権情報・研修館、産業技術総合研究所	2法人
国土交通省　土木研究所、建築研究所、海上・港湾・航空技術研究所、海技教育機構、航空大学校、自動車技術総合機構	6法人
環境省　国立環境研究所	1法人

前記①の国家公務員の場合と同様に、常勤者でなくとも一定の休職者等は職員とみなされる者の範囲に含まれ、逆に常勤者であっても臨時的任用者等は職員とみなされる者の範囲から除かれます（国共済法施行令44条の5第1項、2項）。

以上のほか、郵政会社等の役職員で共済組合の運営規則で定める者も国共済法の職員とみなされて組合員として扱われます（国共済法附則20条の2第1項、4項、国共済法施行令附則34条の2の3第1項）。

さらに、共済組合職員及び連合会役職員についても、それぞれの運営規則で定める者は国共済法の職員とみなされます（国共済法125条、126条、国共済法施行令45条、45条の2）。

第3節　標準報酬等

平成 27 年 10 月の被用者年金一元化によって、公務員や私立学校教職員も厚生年金に加入することとなりました。

そこで、一元化後は従来の２階部分の年金は厚生年金保険給付として厚年法の規定に基づき裁定及び給付され、従来の３階部分であるいわゆる職域部分は廃止され、新たに設けられた退職等年金給付が国共済法の規定に基づき決定及び支給されることとなりました。

このため、短期給付や退職等年金給付の給付額並びに短期給付・退職等年金給付・福祉事業・介護納付金に係る掛金及び負担金計算の基礎となる標準報酬月額や標準期末手当等の額は国共済法の規定（国共済法 40 条、41 条、75 条の 3）によって定時決定や随時改定等が行われ、一方厚生年金保険給付の給付額や保険料計算の基礎となる標準報酬月額や標準賞与額は厚年法の規定（厚年法 20 条～26 条）によって定時決定や随時改定等が行われることとなりました。

すなわち、共済組合は、法律上は一人の組合員について国共済法の規定による標準報酬月額や標準期末手当等の額と厚年法の規定による標準報酬月額や標準賞与額を決定し管理しなければならないことになります。

国共済法の規定による標準報酬月額の第１級の 88,000 円から第 32 級の 650,000 円までは厚年法の規定によるものと同一のものとなっており、また、国共済法施行規則第 96 条の２の２第１項において、双方の標準報酬月額の決定又は改定は同時に行わなければならない旨の規定が設けられていますので、特段の事情がない限り運用上は同一の標準報酬月額が用いられているものと考えます。以下では、国共済法の規定を中心に説明をしていきます。

7　標準報酬

(1)　標準報酬の等級区分

標準報酬は、掛金の算定及び年金等の給付額の算定の基礎となるもので、その等級及び月額は、組合員の受ける報酬の月額に基づき次の「標準報酬月額表」の区分によって定められています（国共済法40条、厚年法20条）。

標準報酬の等級・月額表

厚生年金 退職等年金給付		短期給付等		報酬月額 （本俸と諸手当の合計額）
標準報酬等級	標準報酬月額	標準報酬等級	標準報酬月額	
第１級	88,000円	第１級	58,000円	63,000円未満
		第２級	68,000円	63,000円以上　73,000円未満
		第３級	78,000円	73,000円以上　83,000円未満
		第４級	88,000円	83,000円以上　93,000円未満
第２級	98,000円	第５級	98,000円	93,000円以上　101,000円未満
第３級	104,000円	第６級	104,000円	101,000円以上　107,000円未満
第４級	110,000円	第７級	110,000円	107,000円以上　114,000円未満
第５級	118,000円	第８級	118,000円	114,000円以上　122,000円未満
第６級	126,000円	第９級	126,000円	122,000円以上　130,000円未満
第７級	134,000円	第１０級	134,000円	130,000円以上　138,000円未満
第８級	142,000円	第１１級	142,000円	138,000円以上　146,000円未満
第９級	150,000円	第１２級	150,000円	146,000円以上　155,000円未満
第１０級	160,000円	第１３級	160,000円	155,000円以上　165,000円未満
第１１級	170,000円	第１４級	170,000円	165,000円以上　175,000円未満
第１２級	180,000円	第１５級	180,000円	175,000円以上　185,000円未満
第１３級	190,000円	第１６級	190,000円	185,000円以上　195,000円未満
第１４級	200,000円	第１７級	200,000円	195,000円以上　210,000円未満
第１５級	220,000円	第１８級	220,000円	210,000円以上　230,000円未満
第１６級	240,000円	第１９級	240,000円	230,000円以上　250,000円未満
第１７級	260,000円	第２０級	260,000円	250,000円以上　270,000円未満
第１８級	280,000円	第２１級	280,000円	270,000円以上　290,000円未満
第１９級	300,000円	第２２級	300,000円	290,000円以上　310,000円未満
第２０級	320,000円	第２３級	320,000円	310,000円以上　330,000円未満
第２１級	340,000円	第２４級	340,000円	330,000円以上　350,000円未満
第２２級	360,000円	第２５級	360,000円	350,000円以上　370,000円未満

第２３級	380,000円	第２６級	380,000円	370,000円以上　395,000円未満
第２４級	410,000円	第２７級	410,000円	395,000円以上　425,000円未満
第２５級	440,000円	第２８級	440,000円	425,000円以上　455,000円未満
第２６級	470,000円	第２９級	470,000円	455,000円以上　485,000円未満
第２７級	500,000円	第３０級	500,000円	485,000円以上　515,000円未満
第２８級	530,000円	第３１級	530,000円	515,000円以上　545,000円未満
第２９級	560,000円	第３２級	560,000円	545,000円以上　575,000円未満
第３０級	590,000円	第３３級	590,000円	575,000円以上　605,000円未満
第３１級	620,000円	第３４級	620,000円	605,000円以上　635,000円未満
第３２級	650,000円	第３５級	650,000円	635,000円以上　665,000円未満
		第３６級	680,000円	665,000円以上　695,000円未満
		第３７級	710,000円	695,000円以上　730,000円未満
		第３８級	750,000円	730,000円以上　770,000円未満
		第３９級	790,000円	770,000円以上　810,000円未満
		第４０級	830,000円	810,000円以上　855,000円未満
		第４１級	880,000円	855,000円以上　905,000円未満
		第４２級	930,000円	905,000円以上　955,000円未満
		第４３級	980,000円	955,000円以上　1,005,000円未満
		第４４級	1,030,000円	1,005,000円以上　1,055,000円未満
		第４５級	1,090,000円	1,055,000円以上　1,115,000円未満
		第４６級	1,150,000円	1,115,000円以上　1,175,000円未満
		第４７級	1,210,000円	1,175,000円以上　1,235,000円未満
		第４８級	1,270,000円	1,235,000円以上　1,295,000円未満
		第４９級	1,330,000円	1,295,000円以上　1,355,000円未満
		第５０級	1,390,000円	1,355,000円以上

※「短期給付等」欄は、短期給付額及び短期給付・福祉事業・介護納付金に係る掛金・負担金に適用

なお、令和４年10月から、健康保険、厚生年金保険ともに被保険者としない短時間労働者の勤務期間要件（継続して１年以上使用されることが見込まれない）を撤廃し、フルタイム等の被保険者と同様に２か月超が見込まれる者に適用することとされました。国共済においても同様の要件を満たす国等で勤務する短時間労働者に対して短期給付を適用することとされ、これを契機に健康保険の１級58,000円や厚生年金保険の１級88,000円より高く設定されていた国共済の標準報酬月額の下位等級（１級98,000円）も健康保険及び厚生年金保険に合わせる改正が行われています。また、厚生年金及び退職等年金給付に係る

上限は、政令（国共済法施行令 11 条の 2、厚生年金保険法の標準報酬月額の等級区分の改定等に関する政令（令和２年政令 246 号）１条）に定められています。

⑵　報酬の範囲

標準報酬の算定の基礎となる報酬は、組合員が受ける俸給、給料、賃金、手当その他の名称のいかんにかかわらず、常時又は定期に受ける通常の生計に充てられるものであれば、すべて含むこととされていますが、臨時に受けたり、３か月を超える期間ごとに受けたりするものは除くこととされています（これら除かれたものは後述の標準期末手当等の対象となります）。

具体的には、一般職給与法の適用を受ける組合員を例にとれば、同法の期末手当及び勤勉手当以外の給与並びにその他の法律に基づき支給される寒冷地手当及び国際平和協力手当等とされています（国共済法２条１項５号、国共済法施行令５条）。

この結果、一般職給与法に基づく給与で報酬に含まれるものは、本俸のほか、俸給の調整額、俸給の特別調整額、本府省業務調整手当、初任給調整手当、専門スタッフ職調整手当、扶養手当、地域手当、広域異動手当、研究員調整手当、住居手当、通勤手当、単身赴任手当、在宅勤務等手当、特殊勤務手当、特地勤務手当、特地勤務手当に準ずる手当、超過勤務手当、休日給、夜勤手当、宿日直手当、管理職員特別勤務手当となり、またその他の法律に基づく給与では、寒冷地手当、海外勤務者の在勤手当（本来事業主が負担すべきものを組合員が立て替え、その実費弁償を受ける性格のもの等は除かれ、具体的には住居手当のうち共済組合の運営規則で定める額に係る部分、子女教育手当のうち共済組合の運営規則で定める額に係る部分、特殊語学手当、研修員手当のうち共済組合の運営規則で定める額に係る部分が除かれます）、沖縄復帰特別措置法に基づく特別の手当、国際平和協力手当、イラク人道復興支援等手当等がこれに該当することになります。

【現物給与の取扱い】

厚年法では、「報酬」や「賞与」は、賃金、給料、俸給、手当、賞与その他いかなる名称であるかを問わず、労働者が、労働の対償として受ける全てのものが含まれるとされており（厚年法３条１項３号、４号）、また、報酬又は賞与の全部又は一部が、通貨以外のもので支払われるいわゆる現物給与については、その価額は、その地方の時価によって、厚生労働大臣が定めることとされています（厚年法25条）。

年金一元化法の施行を機に、平成27年10月以降、通貨以外で支払われるもので報酬又は期末手当等に相当するもの（現物給与）として財務大臣が定めるものは、当分の間、報酬又は期末手当等とみなすこととされています（年金一元化国共済経過措置政令３条）。一般に、現物給与として考えられるのは公務員宿舎などですが、具体的には、宿舎のうち、そこに住まなければ公務に影響を及ぼすような職務に従事する者が居住するものを除き、住居部分を対象に都道府県別に厚生労働大臣の定めた畳１畳当たりの価額（下表）を基にした基準額を計算し、その額から実際に支払っている宿舎料を控除し、なお残額がある場合に、その残額を現物給与とみなし報酬に加算することとされています。

都道府県ごとの告示価格（畳１畳当たり）　　（単位；円）

都道府県	単価	都道府県	単価	都道府県	単価	都道府県	単価
北海道	1,110	東京	2,830	滋賀	1,410	香川	1,210
青森	1,040	神奈川	2,150	京都	1,810	愛媛	1,130
岩手	1,110	新潟	1,360	大阪	1,780	高知	1,130
宮城	1,520	山梨	1,260	兵庫	1,580	福岡	1,430
秋田	1,110	長野	1,250	奈良	1,310	佐賀	1,170
山形	1,250	富山	1,290	和歌山	1,170	長崎	1,150
福島	1,200	石川	1,340	鳥取	1,190	熊本	1,150
茨城	1,340	福井	1,220	島根	1,150	大分	1,170
栃木	1,320	岐阜	1,230	岡山	1,360	宮崎	1,080

群馬	1,280	静岡	1,460	広島	1,410	鹿児島	1,110
埼玉	1,810	愛知	1,560	山口	1,140	沖縄	1,290
千葉	1,760	三重	1,260	徳島	1,160		

注１　「厚生労働大臣が定める現物給与の価額（平成24年厚生労働省告示第36号）」による最新の単価（令和３年４月１日から適用）。

注２　勤務地がＡ県にあり、宿舎がＢ県にある場合は、勤務地であるＡ県の価格で計算します。

【現物給与額の計算方法】

現物給与額は次の方法により計算されます。

居住面積（㎡）÷1.65（1畳換算）×都道府県ごとの単価－宿舎料

この場合の居住面積とは、居間、茶の間、寝室等の居住用スペースのことで、玄関、台所、トイレ、浴室、廊下等は除かれます。なお、居住面積の算出に当たっては、間取りから算出する方法以外に、宿舎の延べ面積に一定の率（次の率）を乗じて算出する簡便な算出方法があります。

宿舎の延べ面積	居住面積割合
25 ㎡未満	41%
25 ㎡以上 55 ㎡未満	56%
55 ㎡以上 80 ㎡未満	62%
80 ㎡以上	66%

現物給与額の計算例

〔例①簡便方法；延べ面積65 ㎡、勤務地北海道、宿舎料20,000円の組合員〕

65 ㎡（延べ面積）×62%（居住面積率）÷1.65（1畳換算）×1,110円(単価)－20,000円（宿舎料）＝7,110円（標準報酬の算定に加算される額）

〔例②簡便方法；延べ面積90 ㎡、勤務地東京、宿舎料84,000円の組合員〕

90 ㎡（延べ面積）×66%（居住面積率）÷1.65（1畳換算）×2,830円(単価)－84,000円（宿舎料）＝17,880円（標準報酬の算定に加算される額）

※計算結果の1円未満の端数は切捨てとなります（厚労省の取扱い）

（財務省資料を参考に算出）

⑶ 定　時　決　定

共済組合は、毎年7月1日において、現に組合員である者の同年4月、5月及び6月（報酬支払の基礎となった日数が17日（第2節①スに該当する者にあっては、11日。以下⑻の(オ)までにおいて同じ。13頁参照）未満である月があるときは、その月は除かれます）に受けた報酬の総額をその期間の月数（通常は3か月）で除した額を報酬月額として、17頁の標準報酬月額表に当てはめて標準報酬を決定することとされています。このようにして決定された標準報酬は、その年の9月1日から翌年の8月31日までの標準報酬とされます。しかし、6月1日から7月1日までの間に組合員の資格を取得した者及び以下に述べる随時改定、育児休業終了時改定又は産前産後休業終了時改定により7月から9月までのいずれかの月から標準報酬を改定されるべき組合員については、その年に限り定時決定は行われません（国共済法40条5項～7項、厚年法21条）。

⑷ 資格取得時の決定

共済組合は、組合員の資格を取得した者があるときは、その資格を取得した日現在の報酬の額により標準報酬を定めることとされています（国共済法40条8項、厚年法22条）。この場合、期間業務職員などのように週給、日給等月単位以外の期間を定めて報酬が決められているときは、日給については当該組合員の資格を取得した月前1か月間に同様の職務に従事し、かつ、同様の報酬を受ける者が受けた報酬の額を平均した金額を、その他については日額に換算した額の30倍に相当する金額を、それぞれ報酬月額とすることとされています（国共済法施行令11条の2の2）。たとえば、週給4万9千円の給与で採用された場合には、49,000円÷7×30として計算された21万円がその者の報酬月額となります。

なお、期間業務職員が引き続き任期付任用職員等となった場合には、組合員資格の得喪はないので、資格取得時決定は適用されません。

組合員の資格取得時に決定された標準報酬は、資格を取得した日からその年の8月31日までの標準報酬とされます。ただし、6月1日から12月31日までの間に組合員の資格を取得した場合には、翌年の8月31日までの標準報酬とされます。したがってこの場合には、資格を取得した年の定時決定は行われないこととなります（国共済法40条9項、厚年法22条2項）。

⑸ 随時改定

共済組合は、組合員が継続した3か月（各月とも、報酬支払の基礎となった日数が17日以上であることが必要です）に受けた報酬の総額をその期間の月数で除した額が、その者の標準報酬の基礎となった報酬月額に比べて著しく高低を生じ、2級以上標準報酬に差が生じた状態になった場合には、その報酬を基礎として、その著しく高低を生じた月の翌月から標準報酬を改定することとされています(国共済法40条10項、厚年法23条）。

具体的には、次の要件のいずれにも該当したとき等に随時改定を行うことになります（運用方針）。

ア　固定的給与の変動（給与体系の変更により報酬の増減があった場合をいう）があること。

イ　変動があった月から継続した3か月間に受けた報酬の総額を3で除した額を報酬月額として算定した標準報酬の等級と従前標準報酬の等級に、2等級以上の差があること。

期間業務職員に日額で支給される「賃金」や「通勤手当」はいずれも固定的給与に該当しますが、給与改定がないにもかかわらず単に月によって働く日数が異なることによる給与の変動だけでは随時改定の要件に該当しないこととされています。なお、給与の改定があった場合の随時改定については、一般の随時改定と同様、3か月間の実績平均で従前標準報酬に比し2等級以上の差が生じる場合に適用されます。

随時改定による標準報酬は、その著しく高低を生じた月の翌月（昇給、降給等により固定的給与に変動があった月の4か月目）の初日からその年の8月31日までの標準報酬とされます。ただし、改定が7月から12月までに行われた場合には、改定後の標準報酬はその翌年の8月31日までの標準報酬とされます（国共済法40条11項及び運用方針、厚年法23条2項）。

(6) 育児休業終了時改定

国家公務員の育児休業等に関する法律等による育児休業を終了した後、その育児休業に係る3歳未満の子を養育する組合員から申出があった場合には、育児休業終了日の翌日の属する月以後3か月（報酬支払の基礎となった日数が17日未満の月は除かれます）に受けた報酬の総額をその期間の月数で除した額を報酬月額として、標準報酬を改定することとされています（国共済法40条12項、厚年法23条の2）。ただし、育児休業終了後職場復帰せずに直ちに産前産後休業を開始した場合には次の(7)の改定が適用されるので、この育児休業終了時改定は対象外となります。

休業後勤務時間を短縮するなどして勤務する場合には、休業前よりも低い給料になることが多いことを考慮した、いわば随時改定の特例であり、この改定による標準報酬は、育児休業終了日の翌日から起算して2か月を経過した日の属する月の翌月（育児休業終了日の翌日の属する月から起算して4か月目）の初日からその年の8月31日までの標準報酬とされます。ただし、改定が7月から12月までに行われた場合には、改定後の標準報酬はその翌年の8月31日までの標準報酬とされます（国共済法40条13項、厚年法23条の2第2項）。

(7) 産前産後休業終了時改定

組合員が産前産後休業（出産の日（出産の日が出産の予定日後であるときは、出産予定日）以前42日（多胎妊娠の場合は98日）から出産の日後56日までの間の妊娠・出産を理由とした休業）を終了した後、その産前産後休業に係る子を養育する組合員から申出があった場合には、産前産後休業終了日の翌日の属する月以後3か月（報酬支払の基礎となった日数が17日未満の月は除かれます）に受けた報酬の総額をその期間の月数で除した額を報酬月額として、標準報酬を改定することとされています（国共済法40条14項、厚年法23条の3）。ただし、産前産後休業終了後職場復帰せずに直ちに育児休業を開始した場合には前記(6)の改定が適用されるので、この産前産後休業終了時改定は対象外となります。

この改定措置も前記(6)と同様、いわば随時改定の特例であり、この改定による標準報酬は、産前産後休業終了日の翌日から起算して2か月を経過した日の属する月の翌月（産前産後休業終了日の翌日の属する月から起算して4か月目）の初日からその年の8月31日までの標準報酬とされます。ただし、改定が7月から12月までに行われた場合には、改定後の標準報酬はその翌年の8月31日までの標準報酬とされます（国共済法40条15項、厚年法23条の3第2項）。

(8) 保険者算定

以上(3)から(7)で述べた方法により標準報酬を決定又は改定することが困難であるとき（例えば、4月から6月のすべての月について報酬支払の基礎となった日数が17日未満であるため定時決定ができない等）や前記(3)から(7)で述べた方法により決定又は改定するとすれば著しく不公平になるような場合には、同様の職務に従事する職員の報酬月額その他の事情を考慮して共済組合の代表者が財務大臣と協議して、相当と認める方法によって算定した額を、定時決定、資格取得時決定、随時改定、育児休業終了時改定又は産前産後休業終了時改定による標準報酬月額とすることとされています（国共済法40条16項及び運用方針、厚年法24条）。

なお、平成13年4月から新たに導入された定年退職者等の再任用制度により、常勤の国家公務員から引き続いていわゆるフルタイム再任用職員に採用された者の標準報酬については、給与が大幅に減額になるにもかかわらず、随時改定が４か月後になってしまうといった事情がある一方、国家公務員から引き続かずに再任用職員に採用された場合には資格取得時決定によって採用の月から減額後の給与に基づいて標準報酬が決定されることになり、両者の間で大きな不均衡が生じてしまうことから、引き続いて再任用職員に採用された者についても保険者算定を適用し、資格取得時決定と同様の方法により決定することができることとされています。

このほか次に該当する場合は保険者算定の適用があるものとして取り扱われ、それぞれの額がその者の報酬月額とされます（運用方針）。

(ア) ７月１日前３月の各月とも、報酬支払の基礎となった日数（支払基礎日数）が 17 日未満である場合の定時決定　従前標準報酬の算定の基礎となっている報酬月額（従前報酬月額）

(イ) ７月１日前３月のうちいずれかの月において休職等により、組合員の報酬の全部又は一部が支給されない日の属する月（支払基礎日数が 17 日未満である月を除き、以下(エ)までにおいて同じ）がある場合の定時決定　その月を除いて算出した報酬月額

(ウ) ７月１日前３月の各月とも、休職等により、組合員の報酬の全部又は一部が支給されない日の属する月である場合の定時決定　従前報酬月額

(エ) 固定的給与の変動があった月から継続した３月間に、休職等により組合員の報酬の全部又は一部が支給されない日の属する月がある場合の随時改定等　その月を含めて算定した報酬月額

(オ) １月の勤務日数が 17 日未満とされた育児短時間勤務職員の定時決定、随時改定、育児休業終了時改定又は産前産後休業終了時改定　勤務日数が 17 日以上であるとみなしてその月を含めて算定した報酬月額

(カ) １週間の所定勤務時間及び１月間の所定勤務日数が常勤職員の４分の３以上であるもので、7月1日前3月の各月とも支払基礎日数が17日未満であり、いずれかの月において支払基礎日数が 15 日以上である場合の定時決定　15

日以上17日未満の月の報酬月額の平均によって算出された額

(キ)　1週間の所定勤務時間及び1月間の所定勤務日数が常勤職員の4分の3以上であるもので、7月1日前3月の各月とも支払基礎日数が15日未満の場合の定時決定　従前報酬月額

(ク)　1週間の所定勤務時間及び1月間の所定勤務日数が常勤職員の4分の3以上であるもので、7月1日前3月の各月のうちいずれかの月において休職等により報酬の全部又は一部が支給されない日の属する月（支払基礎日数が15日未満である月を除き、(ケ)において同じ）がある場合の定時決定　その月を除いて算定した報酬月額

(ケ)　1週間の所定勤務時間及び1月間の所定勤務日数が常勤職員の4分の3以上であるもので、7月1日前3月の各月とも休職等により報酬の全部又は一部が支給されない日の属する月である場合の定時決定　従前報酬月額

なお、健康保険法や厚年法では、平成23年4月から、例年年度初めに極端に超過勤務手当が多い等の場合の保険者算定による救済措置として、前年7月～当年6月の月平均報酬額と当年4月～6月の月平均報酬額を比較し、その差が2等級以上ある場合にも、本人の同意を前提に、前者の月平均報酬額を使って定時決定の際の報酬月額を算定することも可能とする取扱いがなされています。

以上のようにして標準報酬は決定又は改定されることになりますが、その標準報酬の適用期間を整理すると、次のようになります。

標準報酬の決定・改定の区分	適　用　期　間
ア　定時決定による標準報酬	その年の9月1日から翌年の8月31日まで適用
イ　資格取得時決定による標準報酬	
㋐　1月1日から5月31日までに決定されたもの	その年の8月31日まで適用
㋑　6月1日から12月31日までに決定されたもの	翌年の8月31日まで適用

<table>
<tr><td colspan="3">ウ　随時改定、育児休業終了時改定及び産前産後休業終了時改定による標準報酬</td></tr>
<tr><td></td><td>㋐　1月から6月までの間に改定されたもの</td><td>その年の8月31日まで適用</td></tr>
<tr><td></td><td>㋑　7月から12月までの間に改定されたもの</td><td>翌年の8月31日まで適用</td></tr>
</table>

(9) 寒冷地手当の標準報酬への反映方法

寒冷地手当は、従来、年1回一括して支給されていましたが、平成16年に法律が改正され、11月から翌年3月までの各月に分けて、各月の初日に在勤する者に支給されることに改められました。

このため、従来は賞与と同様の扱いで標準期末手当等の基礎とされていましたが、平成17年の定時決定から、毎月支給される給与と同様に標準報酬算定の基礎として扱うこととされました。

具体的に標準報酬に反映させる方法としては、いわゆる保険者算定の方法によることとされ、定時決定が行われる7月1日の前1年間に受けた寒冷地手当の総額（5か月分）の12分の1の額を4月から6月の平均報酬に加算し、これを報酬月額として標準報酬を決定することとされています。ただし、異動者等については、次のような取扱いがされています（運用方針）。

①　非支給地から支給地への異動者等

ア　3月2日から7月1日までの異動者（定時決定に間に合い、かつ寒冷地手当の支給実績が過去1年間にない者）

異動後の寒冷地に異動日前1年間に在勤していたとすれば支給されたはずの寒冷地手当の総額の12分の1の額を定時決定の際に報酬月額に加算して標準報酬が決定されます。

イ　7月2日から翌年3月1日までの異動者（定時決定後の異動者）及び組合員資格取得者

異動者については、いったん決定した標準報酬を改定することになりますが、同様の事情にある他の組合員に支給される寒冷地手当の額を考慮して共済組合が定めた寒冷地手当の総額（異動後に受け取る額を推計。したがって1月1日に異動した場合は1月から3月の3か月分）の12分の1の額を定時決定の際の報酬月額に加算して標準報酬が見直されます。

改定の時期は、9月30日までの異動者については9月から、10月1日以後の異動者については異動日の属する月からとなります。

新規に組合員の資格を取得した者についても、上記に準じて取り扱われますが、その年の定時決定が行われない者のうち6月1日から7月1日の間の資格取得者に限り、前記アに該当する者（定時決定が行われる者）との均衡上、同様の事情にある他の組合員に7月1日以前1年間に支給された寒冷地手当の総額の12分の1の額を寒冷地手当の額として、報酬月額に加算することとされています。

②　支給地から非支給地への異動者

ア　3月3日から7月1日までの異動者（定時決定前の異動者）

定時決定の際には当然寒冷地手当分は加算されないこととなりますが、それまでの間は特段の変更はなく、標準報酬の改定も行われません。

イ　7月2日から翌年3月1日までの異動者（定時決定後の異動者）

9月30日までの異動者については9月から、10月1日以後の異動者については異動日の属する月から、寒冷地手当分を除いた報酬月額によって算定しなおした標準報酬に改定されます。ただし、現に寒冷地手当を受給した月がある場合は、その総額の12分の1の額を報酬月額に加算して標準報酬が改定されます（例えば、1月15日異動の場合は、従来の寒冷地手当分を報酬月額から減額した上で、11月から1月に受けた寒冷地手当の総額の12分の1の額が新たに報酬月額に加算されます）。

③　その他定時決定の特例

ア　前年度に寒冷地手当の支給地域に異動したがその支給期間が5か月に満たない場合の定時決定

異動後に支給を受けた寒冷地手当をその支給月数で割りそれに5を乗じた額の 12 分の1の額を標準報酬の算定の基礎となる報酬月額に加算して標準報酬が決定されます。

イ　前年度の支給期間の途中で異なる寒冷地手当支給地域に異動した場合の定時決定

上記と同様、異動後に支給を受けた寒冷地手当をその支給月数で割りそれに5を乗じた額の12分の1の額を標準報酬の算定の基礎となる報酬月額に加算して標準報酬が決定されます。

ウ　当該年度の４月１日から７月１日の間に寒冷地手当支給地域内で異動した場合の定時決定

異動後の勤務地の支給見込額（5か月分）の12分の1の額を標準報酬の算定の基礎となる報酬月額に加算して標準報酬が決定されます。

エ　勤務地に変更がなく婚姻や被扶養者の増減により寒冷地手当の額が変更になった場合の定時決定

前年度に現に受けた寒冷地手当の額の総額の 12 分の1の額を標準報酬の算定の基礎となる報酬月額に加算して標準報酬が決定されます。

④　随時改定等の場合の取扱い

随時改定や育児休業終了時改定等を行う場合には、寒冷地手当は非固定的給与として取り扱うこととされ、その改定に伴う前後で寒冷地手当の加算額は変更しないこととされています。

2　標準期末手当等

(1)　総報酬制の導入

民間の会社員や公務員等が加入する被用者保険制度（厚生年金や健康保険、共済組合）の保険料は、平成15年4月から「総報酬制」に切り替わり、ボーナスからも月々の給与に乗じる率と同じ保険料率で保険料が徴収されるようになりました。一方、総報酬制の導入により、ボーナスが月々の給与と同じように退職等年金給付や厚生年金保険給付の給付額の算定基礎にも反映されることになっています。

共済組合は、組合員が期末手当等を受けた月において、その月に組合員が受けた期末手当等の額に基づいて、千円未満の端数を切り捨てた上で、標準期末手当等の額（厚年法では標準賞与額）を決定することとされています。この場合に、退職等年金給付や厚生年金保険給付に関しては標準期末手当等の額が150万円を超えるときは150万円が限度とされ（国共済法41条1項、3項、国共済法施行令11の2の3、厚年法24条の4、厚生年金保険法の標準報酬月額の等級区分の改定等に関する政令2条）、また、短期給付及び福祉事業並びに介護納付金に関しては4月から翌年3月までの年間を通して累積573万円を標準期末手当等の上限金額とする特例が設けられています（国共済法41条2項）。

573万円の累計は共済組合単位で行うこととされており、同一の年度内で複数の共済組合の組合員であった期間がある場合には、同一の共済組合の組合員であった間に支払われた期末手当等について累計することとされています。

また、32頁で述べる育児休業期間中の掛金等の免除を受けている間に期末手当等が支払われた場合には、掛金や負担金は徴収されなくても標準期末手当等の額として決定はされるので、その標準期末手当等についても、573万円の年間累計額に含まれます。

(2)　期末手当等の範囲

標準期末手当等の基礎となる期末手当等は、組合員が受ける給与のうち、標準報酬の基礎となる報酬の範囲に含まれないもの、すなわち臨時に受けたり、3か月を超える期間ごとに受けたりするものが対象になり、具体的には、一般職給与法の適用を受ける組合員の場合、期末手当、勤勉手当、任期付研究員業績手当、特定任期付職員業績手当等が該当します（国共済法2条1項6号、国共済法施行令5条の2、厚年法3条1項4号）。

標準期末手当等の額は、給与改定等により期末手当等の追給があった場合、遡及発令により期末手当等の追給があった場合、扶養手当の遡及取消し等による戻入によって期末手当等の支給額に変更が生じた場合には、これらの対象となる既に決定されている額が遡って改定（再決定）されます。資格喪失後にこれら在職中に受給すべき期末手当等の追給があった場合も同様に、遡って改定(再決定）されます（運用方針）。

3 掛金（組合員保険料）と負担金

共済組合の保険料は、組合員と国等の事業主が折半で負担することとされており、組合員の負担分を掛金（厚生年金保険給付に関しては組合員保険料）、事業主の負担分を負担金とよんでいます。いずれも標準報酬月額と標準期末手当等の額を標準に徴収され、短期給付及び福祉事業並びに介護納付金に係る掛金率及び負担金率は、それぞれの共済組合の財政状況等に応じて個々に各共済組合の定款で定められていますが、退職等年金給付に係る掛金率及び負担金率については、連合会の定款で定められ、すべての組合員に共通です。令和6年4月現在では掛金率及び負担金率とも0．75%となっています。

また、厚生年金保険給付に係る組合員保険料率及び負担金率は厚年法で法定されており、令和6年4月現在組合員保険料率と負担金率を合わせた率（保険料率）で18.30%となっています（厚年法81条4項）。

特例 育児休業又は産前産後休業期間中の掛金等の免除

育児休業をしている組合員から申出があったときは、次の場合に応じてそれぞれに掲げる月の掛金及び負担金（その育児休業の期間が１月以下である者については、標準報酬の月額に係る掛金及び負担金に限ります）が免除されます（国共済法100条の2、102条）。

ア　育児休業を開始した日の属する月とその育児休業が終了する日の翌日が属する月とが異なる場合　育児休業を開始した日の属する月からその育児休業が終了する日の翌日が属する月の前月までの月

イ　育児休業を開始した日の属する月とその育児休業が終了する日の翌日が属する月とが同一であり、かつ、当該月における育児休業の日数が合計で14日以上である場合　当該月

また、産前産後休業をしている組合員から申出があったときは、休業を開始した日の属する月から休業が終了する日の翌日の属する月の前月までの掛金及び負担金が免除されます（国共済法100条の2の2、102条）。

掛金及び負担金が免除されても、給付額の計算上は、何ら減額等の制限が課されることはありません。

前記**2**(1)でも述べたように標準期末手当等の額の上限金額との関係では、免除期間中に支払われた期末手当等があるときは、掛金及び負担金は免除されますが、標準期末手当等の額は決定する必要があるので、その期末手当等についても年間573万円の累計額には含まれることになります。

■第２章　短期給付制度のしくみ

第１節　短期給付の概要

1　短期給付の基本事項

共済組合は、組合員又はその被扶養者の病気、負傷、出産、死亡、休業又は災害に関して短期給付を行うこととされています。

短期給付は健康保険法による給付に相当するものですが、健康保険法にない休業手当金、弔慰金、家族弔慰金及び災害見舞金の支給や、民間の会社員に対して雇用保険法で行われている育児休業給付や介護休業給付金に相当する給付（育児休業手当金及び介護休業手当金）の支給も、雇用保険の加入義務のない公務員に対して短期給付として行われています。

なお、①交流派遣職員、②法科大学院を置く私立大学に派遣された裁判官や検察官及び③弁護士職務経験職員については、受入先の医療保険制度（健康保険制度）に加入することになっているので、短期給付制度（介護休業手当金は除きます）及び福祉事業は適用されないことになっています（国と民間企業との間の人事交流に関する法律14条等）。

また、組合員が75歳以上の者及び65歳以上75歳未満の寝たきりの状態にある者（後期高齢被保険者等）である場合には、その者は後期高齢者医療制度等から短期給付に相当する給付が支給されるため、短期給付（育児休業手当金及び介護休業手当金は除きます）に関する規定が適用されません（国共済法50条２項～4項）。

短期給付の事由区分別の種類

事由区分	組合員 法定給付	組合員 附加給付	被扶養者 法定給付	被扶養者 附加給付
病気等になったとき	療養の給付 入院時食事療養費 入院時生活療養費 保険外併用療養費 訪問看護療養費	一部負担金払戻金	家族療養費 家族訪問看護療養費	家族療養費附加金 家族訪問看護療養費附加金
	療養費 高額療養費 高額介護合算療養費	合算高額療養費附加金	家族療養費 高額療養費 高額介護合算療養費	合算高額療養費附加金
	移送費		家族移送費	
休業したとき	傷病手当金 出産手当金 休業手当金 育児休業手当金 介護休業手当金	傷病手当金附加金		
出産したとき	出産費	出産費附加金	家族出産費	家族出産費附加金
死亡したとき	埋葬料	埋葬料附加金	家族埋葬料	家族埋葬料附加金
罹災したとき	弔慰金 災害見舞金		家族弔慰金	

短期給付には法定給付（国共済法50条）と附加給付（国共済法51条）があり、法定給付は法律により支給要件や支給額が定められていますが、附加給付はあらかじめ財務大臣が定めた基準の範囲内で、共済組合がその特性を勘案して定款で具体的な給付の種類等を定めることが認められています（国共済法施行令11条の3）。財政状況等により共済組合ごとに若干水準に差がありますが、概ね均衡のとれた内容となっています。

短期給付の財源は、出産費及び家族出産費の一部について社会保険診療報酬支払基金から出産育児交付金が支払われ、また、育児休業手当金及び介護休業手当金について12.5％の100分の55相当(令和6年度までの間は、12.5％の100分の10相当)の国庫負担が行われますが、そのほかは組合員の掛金と事業主である国等の負担金により折半で賄われます（国共済法99条2項·4項、国共済法施行令22条の3第2項、附則7条の3、7条の3の2）。

短期給付の場合は厚生年金保険給付や退職等年金給付と異なり共済組合ごとに事業が運営されているので、掛金率や負担金率は共済組合ごとに異なります。このため、扶養率や組合員の年齢構成などの違いから生ずる財務大臣が定める基準を超える掛金率の高い組合に対して、共同連帯と相互扶助の精神に則って拠出金を拠出し合い、掛金の不均衡を調整するとともに短期給付に関する共同事業を実施するための「財政調整事業」のしくみが設けられています（国共済法附則14条の3）。

2 被扶養者の範囲

被扶養者とは、次のア～ウのいずれかに該当し、かつ、主として組合員の収入により生計を維持されている者です（国共済法2条1項、2項）。

ア　組合員の配偶者（婚姻届を提出していない事実婚の配偶者を含む）、子、父母、孫、祖父母及び兄弟姉妹

イ　組合員と同一の世帯に属する三親等内の親族でア以外のもの

三親等内の親族図

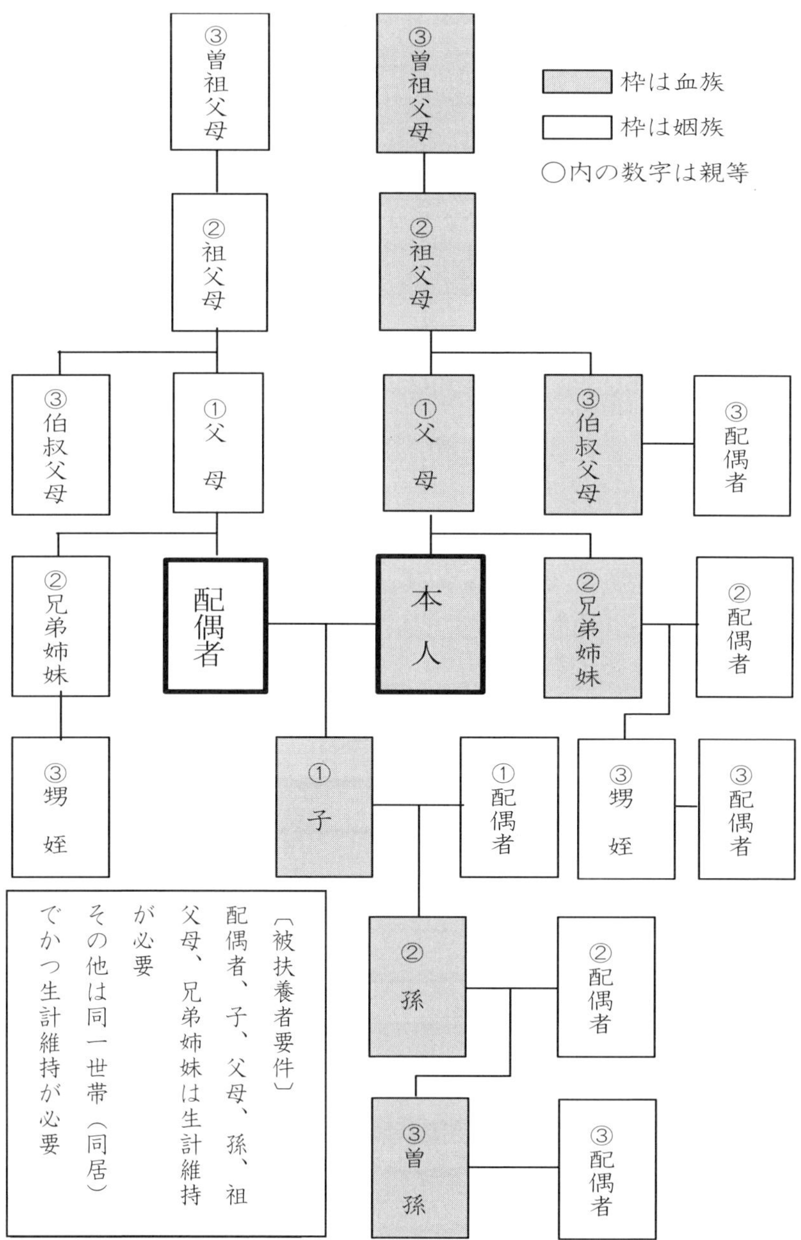

枠は血族
枠は姻族
○内の数字は親等
③曽祖父母
③曽祖父母
②祖父母
②祖父母
③伯叔父母
①父母
①父母
③伯叔父母
③配偶者
②兄弟姉妹
配偶者
本人
②兄弟姉妹
②配偶者
③甥姪
①子
①配偶者
③甥姪
③配偶者
②孫
②配偶者
③曽孫
③配偶者
〔被扶養者要件〕
配偶者、子、父母、孫、祖父母、兄弟姉妹は生計維持が必要
その他は同一世帯（同居）でかつ生計維持が必要

ウ　婚姻届を提出していない配偶者の父母及び子並びにその配偶者死亡後の父母及び子で組合員と同一の世帯に属するもの

イ及びウに該当する者の場合は、組合員と同一の世帯に属することが必要であり、具体的には組合員と生計を共にし、同居している場合がこれに当たります。しかし、営内居住の自衛官など勤務上別居しなければならない場合、転勤で一時的に単身赴任する場合などは同一世帯に属するものとして取り扱われています（運用方針）。

健康保険法の場合、アに該当するのは直系尊属、配偶者、子、孫及び兄弟姉妹とされていて（健康保険法 3 条 7 項 1 号）国共済法の被扶養者の範囲と比べると、曽祖父母が同居要件を必要としないこととされていますが、後で述べるように、いずれにしても 75 歳以上は被扶養者の範囲から外れることになりますので、制度間の相違はないものと思われます。

新たに被扶養者となる者が生じたときは、被扶養者申告書（国共済法施行規則 88 条）により、その事実が発生したときから 30 日以内に共済組合に届け出なければならないこととされています。届出があったときは事実発生の日に遡って被扶養者に認定されますが、30 日を超えて届け出た場合には、届出のあった日からしか被扶養者に認定されません（国共済法 53 条）。

また、「生計維持」の認定に関しては、一般職給与法の扶養親族の認定の例や健康保険の認定の取扱いを参酌して判断することとされており（国共済法施行令 3 条）、具体的には次に掲げる者以外の者が「主として組合員の収入により生計を維持している者」に該当します（運用方針）。

ア）組合員以外の扶養親族とされている者

イ）他の者と共同して扶養しているが、社会通念から判断して組合員が主たる扶養者でない者

ウ）年額 130 万円以上の所得がある者（障害を支給事由とした公的な年金給付の受給要件に該当する程度の障害を有する場合や 60 歳以上の者である

場合には年額180万円以上の所得がある者）

この場合の所得の判断は、被扶養者に認定しようとするときにおける恒常的な所得の現況によることとされ、過去に制限金額を超える所得があった場合でも、現在が無所得であるときは被扶養者に認定できます。ここでいう所得とは給与所得の場合は収入金額ですが、事業所得の場合は、収入を得るために必要な直接的な経費（減価償却分は含まれません）を控除した金額で判断されます。

なお、被扶養者となるべき者が、75歳以上の者及び65歳以上75歳未満の寝たきりの状態にある者（後期高齢被保険者等）である場合には、その者は後期高齢者医療制度等から短期給付に相当する給付が支給されるため、被扶養者に該当しないこととされ、被扶養者に関する短期給付が支給されません(国共済法2条1項2号）。さらに、後期高齢被保険者等である組合員であるために短期給付に関する規定が適用されない者（国共済法50条2項～4項）に扶養されている75歳未満の者も被扶養者に該当しないこととされており(国共済法2条1項2号）、後期高齢被保険者等とされる65歳以上75歳未満の寝たきりの状態にある者以外の者は、75歳に達するまで別途国民健康保険制度に加入する必要が生じてきます。

3　短期給付の給付額算定の基礎となる標準報酬

休業給付や災害給付等報酬を基礎に給付額が算定される短期給付があり、このような給付については、給付事由が発生した日（退職後に給付事由が生じた場合は退職の日）の属する月の標準報酬月額を給付額算定の基礎とすることとされています（国共済法52条）。期末手当等は掛金算定の基礎とはなりますが、短期給付の給付額には反映しません。

4　短期給付の併給調整

(1)　公費負担医療との調整

他の法令の規定により国又は地方公共団体の負担において療養又は療養費の支給を受けたときは、その受けた限度において、療養の給付、入院時食事療養費、入院時生活療養費、保険外併用療養費、療養費、訪問看護療養費、移送費、家族療養費、家族訪問看護療養費、家族移送費及び高額療養費は支給されません（国共済法 60 条 1 項）。

※「他の法令」＝災害救助法、精神保健及び精神障害者福祉に関する法律、防衛省の職員の給与等に関する法律、感染症の予防及び感染症の患者に対する医療に関する法律　等

(2)　災害補償給付との調整

療養の給付、入院時食事療養費、入院時生活療養費、保険外併用療養費、療養費、訪問看護療養費、移送費、家族療養費、家族訪問看護療養費及び家族移送費は、同一の病気又は負傷に関し国家公務員災害補償法や労働者災害補償保険法による療養補償が行われるときは、支給されません（国共済法 60 条 2 項）。埋葬料及び家族埋葬料についても、その死亡が通勤災害で国家公務員災害補償法や労働者災害補償保険法による葬祭補償が行われるときは、支給されません（国共済法 63 条 4 項）。

(3)　介護保険給付との調整

療養の給付、入院時食事療養費、入院時生活療養費、保険外併用療養費、療養費、訪問看護療養費、家族療養費及び家族訪問看護療養費は、同一の病気又は負傷に関し介護保険法によるそれぞれの給付に相当する給付が行われるときは、支給されません（国共済法 60 条 3 項）。

これらの併給調整は、いずれも重複支給を避けるためのものです。

なお、既に述べたように、後期高齢被保険者等である組合員には、短期給付（育児休業手当金及び介護休業手当金は除きます）に関する規定は適用されず、また、被扶養者となるべき者が後期高齢被保険者等である場合には、その者は被扶養者に該当せず、被扶養者に関する短期給付が支給され

ない（国共済法2条1項2号）ため、これらの者については重複支給の問題は生じず、支給調整に関する特段の規定は設けられていません。

5 短期給付の決定と時効

短期給付を受ける権利は、その受ける権利を有する者（後見人、保佐人及び臨時保佐人が含まれます）の請求に基づいて共済組合が決定します（国共済法39条1項、運用方針）。

給付事由が発生した日の翌日から起算して2年間請求がないときは、時効により短期給付を受ける権利は消滅します（国共済法111条1項）。時効の起算日は次のように運用されており、時効期間が満了した場合には、共済組合は、特別の事情がある場合を除き、時効の利益を放棄しないものとされています（運用方針）。

ア　療養費・家族療養費…組合員が医療機関等に療養の費用を支払った部分について、その支払った日の翌日

イ　移送費・家族移送費…移送を行った日の翌日

ウ　高額療養費…高額療養費の算定の対象となる金額を医療機関等に支払った同一月内の最も遅い日の翌日

エ　高額介護合算療養費…計算期間の末日（一般には7月末日）の翌日

オ　傷病手当金・出産手当金・休業手当金・介護休業手当金…勤務をすることができない日ごとに、その翌日

カ　育児休業手当金…育児休業等により勤務に服さなかった日ごとに、その翌日

第2節　短期給付の内容

第1　保健給付

1　療養の給付（被扶養者の場合は家族療養費）

(1) 給付の範囲

組合員が公務（業務）外の事由で病気になったり負傷をしたりしたとき又は被扶養者が病気になったり負傷をしたりしたときに、次の給付を受けることができます（国共済法54条）。受給期間の制限はありません。

ア　診察

イ　薬剤又は治療材料の支給

ウ　処置、手術その他の治療

エ　居宅での療養上の管理、その療養に伴う世話等の看護

オ　病院又は診療所への入院、その療養に伴う世話等の看護

なお、これらの給付には次の療養に係る給付は含まれず、後で述べる入院時食事療養費、入院時生活療養費及び保険外併用療養費として支給されます。

(ア)食事療養（入院中の食事の提供である療養）

(イ)生活療養（療養病床に入院中の65歳以上の組合員又は被扶養者に係る食事の提供である療養や光熱水に関する適切な療養環境の形成である療養）

(ウ)評価療養（先進医療や治験など保険導入のための評価を行う療養）

(エ)患者申出療養（患者の申出に基づき臨床研究中核病院等で実施する高度の医療技術を用いた療養）

(オ)選定療養（特別室の提供や予約診察など個人の選択による療養）

また、被扶養者に対しては、この療養の給付をはじめ以下で述べる入院

時食事療養費、入院時生活療養費、保険外併用療養費及び療養費は全て「家族療養費」として支給されることになっています（国共済法57条）。

(2) 現物給付

療養の給付は、厚生労働大臣の指定を受けた病院、診療所（いわゆる保険医療機関）又は薬局（保険薬局）に組合員証（国共済法施行規則89条、別紙様式11号）又は組合員被扶養者証（同規則95条、別紙様式15号）を提示して上記のアからオまでの給付を直接受けるもので、保険医療機関又は保険薬局は、次に述べる一部負担金として組合員又は被扶養者が負担する金額を除いた費用を共済組合に請求することとされています（国共済法55条）。なお、令和3年3月から個人番号カード（マイナンバーカード）と組合員証等が一体となった「マイナ保険証」の導入が始まり、その後、組合員証等は令和6年12月2日に廃止することとなりました。その際の経過措置として、廃止後も最大1年間は現行の組合員証等が使用可能であるほか、マイナ保険証を保有しない人には、保険診療が受けられるよう、申請によらず、資格確認書を発行することとしています。また、現在は契約に基づき、社会保険診療報酬支払基金に保険医療機関等からの診療報酬請求書（レセプト）の審査・支払を委託しており、同基金を通じて請求及び支払がなされています。一部負担金を除き、保険医療機関や保険薬局の窓口での組合員等の負担がないことから、こうした仕組みを「現物給付」と呼んでおり、療養の給付の原則となっています。

このように、療養の給付は保険医療機関又は保険薬局（医師の処方箋が必要）で受けるのが原則ですが、共済組合が直接経営する診療所や薬局、連合会が経営する病院や薬局でも現物給付を受けることができ、さらに共済組合が契約すればその契約した医療機関や薬局でも現物給付が受けられます。他の共済組合が開設した診療所などは、一般に共済組合相互間でこの契約医療機関となっています。

保険医療機関及び保険薬局では、診療報酬点数表（医科・歯科）や薬価基準により統一的に診療報酬や薬剤費の計算方法が定められており、どこで療養の給付を受けても同じ費用が計算されますが、直営診療所や契約医療機関などではそれよりも安い費用で療養の給付を提供することが認められています（国共済法55条6項、57条3項）。

<診断群分類に基づく１日当たり包括払い制度（DPC/PDPS）>

～制度の概要～

入院費用の診断群分類（Diagnosis Procedure Combination : DPC）に基づく１日当たり包括払い制度は、平成15年度から導入された診療報酬の評価方式で、従来の診療行為ごとの点数をもとに計算するいわゆる「出来高払い方式」とは異なり、入院期間中に治療した病気の中で最も医療資源を投入した傷病名と入院期間中に提供される手術、処置、化学療法等の「医療行為」の組み合わせにより分類された患者分類である「診断群分類（DPC）」に応じて、厚生労働省が定めた１日当たりの定額の点数からなる包括評価部分（ホスピタルフィー的要素が対象）と、従来どおりの出来高評価部分（ドクターフィー的要素が対象）を組み合わせて計算する方式です。

令和２年４月現在、診断群分類総数は4,557ありますが、すべての診断群分類に対して14桁で構成される「診断群分類コード」が付番されていて、このうち、均質性が担保されていると考えられる3,990分類が１日当たり包括払い制度対象とされ包括点数が設定されています。

包括点数は、「診断群分類」ごとに１日当たりの定額とされていますが、入院初期の期間を重点評価するため、例えばある疾病については、入院１日目から14日目までは１日当たり7,202点、15日目から30日目までは6,287点、31日目以上の期間は6,494点というように、在院日数に応じた定額報酬が設定されています（厚生労働大臣が指定する病院の病棟における療養に要する費用の額の算定方法（平成20年厚生労働省告示93号））。

包括評価の対象患者は、一般病棟の入院患者ですが、臓器移植患者、治験対象患者、先進医療対象患者等は対象外となっています。

〜具体的な医療費の算定方法〜

具体的な包括評価部分の医療費は、診断群分類毎に在院日数に応じて定められた上記のような１日当たり点数に、在院日数と医療機関ごとに設定された医療機関別係数（施設の役割や診療機能等個別の医療機関に着目した評価を反映させるための係数で、Ⅰ群、Ⅱ群、Ⅲ群の3つの群に分類されています）を乗じて算出されますが、包括評価部分の対象となるのは入院基本料のほか、検査、画像診断、投薬、注射、1,000点未満の処置等に限られているので、その他の費用（医学管理、手術、麻酔、放射線治療、1,000点以上の処置等）については一般の算定方式（出来高払い方式）によることとなります。なお、実際の入院日数が診断群分類で定められた在院日数を超えると、その後は出来高払いの計算方式で算定されます。

したがって、DPCに基づく１日当たり包括払い制度を採用している医療機関の入院費用の総額は、包括評価部分の報酬額と出来高評価部分の報酬額との合計額を基礎に支払請求が行われることになります。

DPCに基づく１日当たり包括払い制度の対象となる医療機関は、入院基本料について、看護職員の配置が7対１又は10対１となっていること等が必要で、対象病院として認められている医療機関は、令和２年４月時点（見込み）で1,757病院・約48万病床となっております。

⑶　一部負担金

組合員又は被扶養者が療養を受けた場合には、その療養に要した費用の３割に相当する一部負担金（10円未満四捨五入）を支払うことになっています。

なお、義務教育就学前（6歳に達する日以後の最初の3月31日以前）の児童及び70歳以上の者の場合は療養に要した費用の原則2割を負担すればよいこととされていますが、標準報酬月額が 28 万円以上である 70 歳以上の組合員（現役並み所得者）とその 70 歳以上の被扶養者については 3 割を負担することとされています。ただし、それらの者の前年（1 月から 8 月に保険医療機関等で受診するときは前々年）の年収の合計額が 520 万円（被扶養者がいないときは 383 万円）未満の場合には 2 割の負担でよいことになっています（国共済法 55 条 2 項、57 条 2 項、国共済法施行令 11 条の 3 の 2、詳細は下記(注)）。

自己負担割合（本人・家族）

年齢等区分		負担割合
70歳以上	現役並み所得者	3 割
	上記以外の者	2 割
70歳未満		3 割
	義務教育就学前	2 割

（注）　現役並み所得者とは、標準報酬月額が 28 万円以上である 70 歳以上の組合員とその 70 歳以上の被扶養者であって、かつそれらの者の前年（1 月から 8 月に保険医療機関等で受診するときは前々年）の年収の合計額が 520 万円（加入する保険制度が夫婦で異なる等 70 歳以上の被扶養者がいないときは 383 万円。かつて被扶養者であった者で後期高齢者医療制度の被保険者等となったため被扶養者でなくなった者がいる場合は、被扶養者でなくなったときから継続して後期高齢者医療制度の被保険者等である5年以内に限り年収の合計額が 520 万円）以上の者。したがって、70 歳未満の組合員の 70 歳以上の被扶養者は現役並み所得者に該当しないので、すべて 2 割負担となります。

この一部負担金の負担割合を区分する収入基準は後期高齢者医療の取扱いに合わせて設定されており、直近の現役世代の平均的な収入実績に基づき適宜見直しが行われます。

負担割合は、70 歳の誕生日を迎えた翌月（誕生日が月の初日である場合はその月）から変更されます。

70 歳以上の者が保険医療機関等で受診するときは、負担割合が 2 割か 3 割かを明らかにするために、組合員証又は組合員被扶養者証とともに、対象者の氏名、負担割合等が記載された「高齢受給者証」（国共済法施行規則 95 条の 2、別紙様式 15 号の 3）を保険医療機関等の窓口に提示しなければならず(国共済法施行規則 99 条）、高齢受給者証の提示がなかったときは3割が窓口での負担割合となります。

なお、マイナンバーカードによるオンライン資格確認を導入している保険医療機関等においては、組合員証等に代わってこのオンライン資格確認機能を持たせたマイナンバーカードを提示することもできます。

標準報酬月額が28 万円以上であるかどうかは職権で共済組合が判定できますが、収入の額は組合員からの申請により判断されます。

収入の額を申請する場合は、「基準収入額適用申請書」に必要事項を記載し、収入がわかる書類を添付し、共済組合に申請する必要があります（国共済法施行規則 99 条の 2 第 2 項）。組合員が収入の額の申請を遅延すると、やむを得ない理由により遅延した場合を除き、2 割の適用が、申請のあった翌月からとなる場合があります。

⑷　一部負担金の減免

一部負担金は、災害その他の財務省令で定める特別の事情（震災、風水害、火災その他これに類する災害により、住宅、家財又はその他の財産について著しい損害を受けたといった事情）がある組合員であって、一部負担金を支払うことが困難であると認められるものに対し、支払いの減免及び猶予の措置を採ることができることとされています（国共済法 55 条の 2、57 条の 2、国共済法施行規則 99 条の 2 の 2）。

なお、減免された一部負担金は、最終的には共済組合が掛金及び負担金で負担することになるので、共済組合の財政状況を勘案したうえで共済組合の裁量で減免措置を講ずることができるようになっています。

具体的な取扱いについては、健康保険の例によることとなるでしょうが、健康保険では概ね次のような取扱いがなされています（平成18年9月14日保保発0914001号厚生労働省保険局保険課長通知）。

【通知の概要】

（一部負担金の徴収猶予）

震災、風水害、火災その他これに類する災害により、住宅、家財又はその他の財産について著しい損害を受けたことにより、その生活が困難となった場合において必要と認めるときは、被保険者の申請により、6か月以内の期間を限って、一部負担金の徴収を猶予することができる。この場合には被保険者が一部負担金を保険医療機関等に支払うことに代えて、保険者が一部負担金を直接被保険者から徴収し、保険医療機関等に支払うこととしたうえで、その徴収を猶予することもできる。

（一部負担金の減免）

また、上記の事由に該当したことにより、その生活が著しく困難となった場合において必要と認めるときは、被保険者の申請により、一部負担金を減免することができる。

（証明書）

徴収の猶予又は減免の措置を受けた被保険者等は、療養の給付等を受けようとするときは、被保険者証とともに、保険者が発行する「一部負担金等減額・免除・徴収猶予証明書」を保険医療機関等に提示する必要がある。

２ 入院時食事療養費（被扶養者の場合は家族療養費）

保険医療機関等に入院する組合員又は被扶養者（療養病床（精神病床及び感染症病床以外の病床で主として長期にわたり療養を必要とする患者を入院させるためのもの）に入院する65歳以上の者は除きます）は、療養の給付と併せて、療養の一環としての食事の提供を受けることができます。この場合、療養の給付の患者負担（一部負担金）に相当するものとして「食事療養標準負担額」を支払う必要があり、厚生労働大臣が定める基準額（平成18年厚生労働省告示99号）から食事療養標準負担額を控除した額が入院時食事療養費として共済組合から支給されることとなります（国共済法55条の3、57条2項）。原則的には現物給付の支給形態がとられています。

この食事療養標準負担額は、病気でなくても必要となる平均的な家計における食費の額を勘案して厚生労働大臣が別途定めることとされており、現在は定額で、次表に定める食材費と調理費相当（低所得者は食材費相当）の金額（1日3食を限度）となっています（平成8年厚生省告示203号）。

区　　分		食事療養標準負担額
下記以外の者		1食につき460(490)円
難病患者・小児慢性特定疾病患者		1食につき260(280)円
低所得者	70歳未満の低所得者Ⅱ・Ⅰ又は70歳以上の低所得者Ⅱ	1食につき210(230)円
	上記該当者のうち過去1年間の入院日数が90日を超える者	1食につき160(180)円
	70歳以上の低所得者Ⅰ	1食につき100(110)円

＊かっこ書の数字は、令和6年6月1日以降のもの

1　低所得者Ⅱとは、市町村民税非課税者等の世帯に属する者。

2　低所得者Ⅰとは、市町村民税非課税者等の世帯に属する者のうち、所得が一定基準に満たない者（年金収入80万円以下の者等）。

低所得者に該当することによる食事療養標準負担額の減額の取扱いを受けるためには、70歳未満の組合員及び被扶養者については、減額対象者、有効期限、さらに90日を超える長期入院者に該当する場合は該当した年月日等が記載された「限度額適用・標準負担額減額認定証」（国共済法施行規則別紙様式21号の3）が、また70歳以上の組合員及び被扶養者については、上記の事項のほか低所得者のⅡ又はⅠのいずれに該当するかにより食事療養標準負担額が異なりますので、これらの区別が記載された「限度額適用・標準負担額減額認定証」がそれぞれ必要で、入院の際組合員証又は組合員被扶養者証とともにこの限度額適用・標準負担額減額認定証を、保険医療機関等の窓口に提示しなければなりません。

限度額適用・標準負担額減額認定証は組合員からの申請に基づいて共済組合が交付することになりますが、「限度額適用・標準負担額減額認定申請書」にその事実を証明する証拠書類（低所得者の場合は市町村民税の非課税証明、所得が一定基準に満たない者の場合はさらに給与や年金の源泉徴収票、生活保護の要保護者の場合は福祉事務所長が行う標準負担額認定該当の証明等）を添えて共済組合に申請する必要があります（国共済法施行規則105条の9第1項）。入院日数によって食事療養標準負担額が異なる低所得者については、入院日数が90日を超えた時点で再度申請を行い、長期入院者に係る減額認定証の交付をあらためて受ける必要があります。

やむを得ない理由によって、限度額適用・標準負担額減額認定証を保険医療機関等に提示できないため食事療養標準負担額の減額を受けられなかったときは、「入院時食事療養費等差額申請書」により、負担した食事療養標準負担額のうち減額後の額との差額を後日共済組合から償還を受けることもできます（国共済法施行規則99条の3）。

（注）食事療養標準負担額軽減の際保険医療機関等に提示が必要となる書類については、66頁で整理しているので参考にしてください。

なお、マイナンバーカードによるオンライン資格確認を導入している保険医療機関等において、このオンライン資格確認機能を持たせたマイナンバーカードを提示することによって必要な情報を確認できる場合には、限度額適用・標準負担額減額認定証の申請、提示は必要ありません。

また、食事療養標準負担額（自己負担額）は、最低限の実費を自己負担するといった性格上、後で述べる高額療養費の対象となる自己負担額からは除かれています（国共済法施行令11条の3の3第1項）。

3 入院時生活療養費（被扶養者の場合は家族療養費）

療養病床に入院する65歳以上の組合員又は被扶養者については、生活療養（食事療養並びに温度、照明及び給水に関する適切な療養環境の形成である療養）に要した費用について入院時生活療養費が支給されます（国共済法55条の4）。

入院時生活療養費の額は、65歳以上の療養病床入院患者については、療養病床がいわば「住まい」としての機能をも有していることに着目し、食事の提供である療養と居住（病室）の提供である療養を一体として受けているとの観点から、食事及び病室の提供である療養を生活療養と位置づけ、生活療養に要する平均的な費用の額を勘案して厚生労働大臣が定める基準額（食費・居住費相当＝平成18年厚生労働省告示99号）から平均的な家計における食費及び光熱水費の状況等を勘案して厚生労働大臣が定める「生活療養標準負担額」（食費については食材費＋調理費相当、居住費については光熱水費相当）を控除した額が入院時生活療養費として共済組合から支給されることとなります（国共済法55条の4、57条2項）。原則的には現物給付の支給形態がとられています。

この生活療養標準負担額は、定額で、次の表のように定められています（平成8年厚生省告示203号）。食事療養標準負担額と同様、食事の提供に係るものの額については、1日3食が限度とされています。

<table>
<tr><th colspan="2">区　分</th><th>生活療養標準負担額</th></tr>
<tr><td rowspan="2">下記以外の者</td><td>入院時生活療養(Ⅰ)を算定する保険医療機関に入院している者</td><td>(食　費)1食につき460(490)円
※A 260(280)円
(居住費)1日につき370円
※A　0円</td></tr>
<tr><td>入院時生活療養(Ⅱ)を算定する保険医療機関に入院している者</td><td>(食　費)1食につき420(450)円
※A 260(280)円
(居住費)1日につき370円
※A　0円</td></tr>
<tr><td rowspan="2">低所得者</td><td>70歳未満の低所得者Ⅱ・Ⅰ又は70歳以上の低所得者Ⅱ</td><td>(食　費)1食につき210(230)円
※A・B 90日超で160(180)円
(居住費)1日につき370円
※A　0円</td></tr>
<tr><td>70歳以上の低所得者Ⅰ</td><td>(食　費)1食につき130(140)円
※A・B 100(110)円
(居住費)1日につき370円
※A　0円</td></tr>
</table>

＊かっこ書の数字は、令和6年6月1日以降のもの

1　入院時生活療養（Ⅰ）を算定する保険医療機関とは、管理栄養士等により患者の年齢、病状等に応じた栄養量及び内容の食事が提供されていることなどの要件を満たす保険医療機関を、入院時生活療養（Ⅱ）を算定する保険医療機関とは、その他の保険医療機関をそれぞれ指します。

2　低所得者Ⅱとは、市町村民税非課税者等の世帯に属する者。

3　低所得者Ⅰとは、市町村民税非課税者等の世帯に属する者のうち、所得が一定基準に満たない者（年金収入80万円以下の者等）。

4　※A（指定難病患者）は、難病の患者に対する医療等に関する法律（平成26年法律50号）5条1項に規定する指定難病の患者を指します。

5　※B（医療の必要性の高い者）は、病状の程度が重篤な者又は常時の若しくは集中的な医学的処置、手術その他の治療を要する入院医療の必要性の高い患者（人工呼吸器、中心静脈栄養等を要する患者、脊髄損傷（四肢麻痺が見られる状態）及び回復期リハビリテーションを受ける患者（回復期リハビリテーション病棟入院料、入院日数14日以内の期間に係る診療所老人医療管理料又は短期滞在手術基本料2を算定する患者）を指します。

低所得者に該当することによる生活療養標準負担額の減額の取扱いを受けるためには、共済組合が交付する「限度額適用・標準負担額減額認定証」が必要で、その申請手続については、食事療養標準負担額の場合と同様です。

やむを得ない理由によって、限度額適用・標準負担額減額認定証を医療機関に提示できないため生活療養標準負担額の減額を受けられなかったときは、「入院時生活療養費等差額申請書」により、負担した生活療養標準負担額のうち減額後の額との差額を後日共済組合から償還を受けることもできます（国共済法施行規則99条の4）。

（注）生活療養標準負担額軽減の際保険医療機関に提示が必要となる書類については、66頁で整理しているので参考にしてください。

なお、生活療養標準負担額（自己負担額）は、食事療養標準負担額と同様、最低限の実費を自己負担するといった性格上、後で述べる高額療養費の対象となる自己負担額からは除かれています（国共済法施行令11条の3の3第1項）。

4　保険外併用療養費（被扶養者の場合は家族療養費）

療養の給付では、保険が適用されない保険外診療が含まれると保険が適用されるような診療も含めて、医療費の全体が自己負担となってしまいます。これが、いわゆる混合診療問題といわれるものですが、国民の安全性を確保し、患者負担の増大を防止するといった観点も踏まえつつ、国民の選択肢を拡げ、利便性を向上するという観点から、保険外診療を受ける場合でも、①高度の医療技術を用いた療養その他の療養であって、保険給付の対象とすべきものであるか否かについて、適正な医療の効率的な提供を図る観点から評価を行うことが必要な療養として厚生労働大臣が定める療養（**評価療養**）、②高度の医療技術を用いた療養であって、当該療養を受けようとする者の申出に基づき、療養の給付の対象とすべきものであるか否かについて、適正な医療の効率的な提供を図る観点から評価を行うことが必要な療養として厚生労働大臣が定める療養（**患者申出療養**）及び③組合員の選定に係る特別の病室（個室等）の提供その他の厚生労働大臣が定める療養（**選定療養**）に限っては、保険診療との併用が認められており、保険対象となる一般の療養部分（診察、検査、投薬、入院等）の費用と入院時食事療養費又は入院時生活療養費に相当する部分の費用について、保険外併用療養費が支給されます（国共済法55条の5、57条）。一般の療養部分と入院時食事療養費又は入院時生活療養費に相当する部分以外の部分は保険対象外となり自己負担となります。

例えば、自己負担割合を3割として、入院時食事療養費又は入院時生活療養費に係る部分以外の総医療費が100万円、そのうち先進医療に係る費用が20万円である場合、先進医療に係る費用20万円は全額を患者が負担することになりますが、保険対象となる一般の療養部分である80万円は、3割の一部負担金に相当する24万円が自己負担となるものの、それを控除した56万円は保険外併用療養費として支給されます。入院時食事療養費又は入院時生活療養費相当部分についても同様です。さらに、自己負担の24万円については後で述べる高額療養費の算定対象となります。

【上記に係る例図】

医療費100万円

20万円　先進医療部分	➡全額自己負担（評価療養・自費）
56万円　保険外併用療養費	➡保険負担
24万円　自己負担分	➡3割負担分(高額療養費算定対象)

網掛け部分は保険診療の対象となる部分
入院時食事療養費・入院時生活療養費は考慮していません。

このように、保険外併用療養費の額は、療養の給付の場合の一部負担金相当額を控除した額及び入院時食事療養費相当額又は入院時生活療養費相当額となりますが、いずれも原則的には現物給付の支給形態がとられます。

なお、一部負担金相当額について、療養の給付と同様徴収猶予及び減免の措置を採ることができることとされています(国共済法55条の5第2項、57条の2）。

評価療養、患者申出療養及び選定療養については、それぞれ次のような内容が定められています（平成18年厚生労働省告示495号、498号等）。

◇評価療養

①医療技術に関わるもの

特定の先進医療（従前の高度医療を含む）で、医療ごとに一定の施設基準に適合する病院等において行われるもの

②医薬品・医療機器に関わるもの

ア　人体に直接使用される薬物の臨床試験（治験）に係る診療

イ　機械器具等の臨床試験（治験）に係る診療

ウ　薬事法の規定による承認後薬価基準収載前の医薬品の投与で、一定の条件に適合するもの

エ　薬事法の規定による承認後保険適用前の医療機器の使用又は支給で、一定の条件に適合するもの

オ　厚生労働大臣が定める薬価基準収載後の医薬品の投与であって、承認を受けた用法、用量、効能又は効果と異なる用法、用量、効能又は効果に係るもののうち厚生労働大臣が定める条件及び期間の範囲内で行われるもの（保険収載された新薬の適応外投与）

カ　厚生労働大臣が定める医療機器の使用であって、承認を受けた使用目的、効能若しくは効果又は操作方法若しくは使用方法と異なる使用目的、効能若しくは効果又は操作方法若しくは使用方法に係るもののうち厚生労働大臣が定める条件及び期間の範囲内で行われるもの（保険収載された医療機器の適応外使用）

◇患者申出療養

患者が未承認の新薬や医療機器による治療を望めば、医師は、臨床研究中核病院（東大病院など）や患者申出療養についての窓口機能を有する特定機能病院と協力し、混合診療の申請ができるようにするものです。申請が「患者申出療養としては初めての医療を実施する」場合は、臨床研究中核病院の申請を受けた国が、専門家の意見を踏まえ、安全性、有効性、実施計画の内容を迅速（原則６週間）に審査します。また「すでに患者申出療養として前例がある医療を他の医療機関が実施する(共同研究の実施）」場合は、前例を取り扱った臨床研究中核病院が原則 2 週間で判断します。なお、治療の実施は、基準を満たせば、臨床研究中核病院や特定機能病院に加え、患者に身近な地域の医療機関や診療所などでも申出の対象となった療養の実施が可能となります。

◇選定療養

①快適性・利便性に関わるもの

ア　特別の療養環境（特別室）の提供（いわゆる差額ベッド）

イ　予約に基づく診察

ウ　病院が表示する診療時間以外の時間における診察

エ　前歯部の金属歯冠修復に使用する金合金又は白金加金の支給（材料

差額）

オ　金属床による総義歯の提供

②医療機関の選択に関わるもの

ア　緊急やむを得ない場合を除き、200床以上の病院で受けた紹介状なしの初診

イ　緊急やむを得ない場合を除き、200床未満の他の病院等に照会状を出す旨の申出を行ったうえでの200床以上の病院での再診

③医療行為等の選択に関わるもの

ア　診療報酬の算定方法（平成20年厚生労働省告示59号）に規定する回数を超えて受けた特定の診療（腫瘍マーカー検査等）

イ　入院の必要性の低い状態にある者の180日を超える長期入院及びその療養に伴う世話その他の看護（15歳未満、育成医療、難病・小児難病等の患者を除く）

ウ　小児齲蝕の治療終了後の継続管理（ムシ歯の数が少ない13歳未満の小児に対する治療後の再発抑制のための継続的な指導管理（フッ化物の局所応用、小窩裂溝てん塞による指導管理を必要とする場合に行われるもの））

上記の「評価療養」及び「選定療養」については、患者が利用するに当たって、誤解等が生じないようにするため、次のような取扱いが定められています。

○医療機関における掲示

この制度を取り扱う保険医療機関は、院内の患者の見やすい場所に、評価療養又は選定療養の内容と費用等について掲示をし、患者が選択しやすいようにする必要があります。

○患者の同意

保険医療機関は、事前に治療内容や負担金額等を患者によく説明をし、

患者の同意を得る必要があります。

○領収書の発行

評価療養又は選定療養を受けた際の各費用については、領収書を発行する必要があります。

5 療養費（被扶養者の場合は家族療養費）

①療養の給付の対象となっていない義手、義足、義眼、コルセット等の治療用装具を医師の指示により購入し装着したとき（治療上必要とされる装具に限られ、症状固定後の義肢の修理費用等は対象外）、四肢のリンパ浮腫治療のため弾性着衣等を購入したとき、医療機関において精製した保存血を使用して輸血を受けたときや生血液の提供を受けて謝礼を支払ったとき、医師の指示により自己注射のための注射液、注射器具等を購入したとき、柔道整復師や針灸師から施術を受けたとき等保険診療を受けることが困難なときや、②外国旅行中に病気やけがをしてやむを得ず保険医療機関以外から自費で治療を受けたときなどには、その費用について療養費が支給されます。ただし、②の場合は共済組合がやむを得ないと認めたときに限られます（国共済法56条）。

柔道整復師の施術で療養費の対象となるのは、骨折、脱臼、打撲、捻挫(肉離れを含む）に関するもので、骨折及び脱臼については、緊急の場合を除いて、あらかじめ医師の同意を得ることが必要とされています。これらの施術であっても、医療機関等で同じ負傷等の治療中である場合は療養費の対象にはなりません。単なる肩こり、筋肉痛も対象外とされています。

また、はり・きゅう・マッサージの場合は、あらかじめ医師の発行した同意書又は診断書が必要で、対象疾患は、神経痛、リウマチ、頸腕症候群、五十肩、腰痛症、頸椎捻挫後遺症による慢性的な疼痛を主症とする疾患、筋麻痺や関節拘縮等で医療上マッサージを必要とする症例等です。疲労回復や疾病予防のための施術は給付対象とはなりません。

生血液による輸血の場合の生血代（謝礼）は療養費の対象となっていますが、親子、夫婦、兄弟等親族が提供する場合は除かれます。

療養費の額は、①についてはあらかじめ算定基準が定められていますが、②については保険診療を行ったとした場合の額の範囲内で共済組合が妥当と認めた額とされています。したがって実際に負担した額とは異なります。

いずれも一部負担金相当額、食事療養や生活療養の場合の標準負担額相当額を控除した差額が支給されることになりますが、実費を超えるときは実費が限度となります（運用方針）。

国外で療養を受けたときは、療養に要する費用の額が健康保険の例により算定することができるものに限り支給することとされており、費用の総額の何割というような支給は認められていません。請求に当たっては、共済組合の求めに応じて日本語の翻訳文を添付しなければなりません(同)。

なお、柔道整復師から受けた施術については、例外的に「受領委任払い」が認められており、共済組合（国共済の場合は、共済組合の委任を受けた一般社団法人共済組合連盟）と協定又は契約を結んだ施術者に限り、その協定又は契約に基づく施術に要した費用（算定基準の料金）のうち、患者からは自己負担相当額の支払いのみを受け、自己負担相当額を除いた額を施術者が共済組合に請求する現物給付に準じた仕組みになっています。協定又は契約を結んでいない施術者に関しては、通常の療養費と同様に「償還払い」が原則とされています。

6　訪問看護療養費

居宅で療養している組合員が、医師の指示に基づいて指定訪問看護事業者から療養上の世話や必要な補助等の指定訪問看護を受けた場合には、訪問看護療養費が支給されます。療養の給付等と同様、現物給付が原則となっています(国共済法56条の2）。

上記の「指定訪問看護事業者」は、健康保険法にその範囲が定められており、厚生労働大臣の指定を受けた医療法人、社会福祉法人等で、事業所として「訪問看護ステーション」を設け、訪問看護事業を行っているものとされています（同法88条1項、89条4項）。

同様に「指定訪問看護」についても、健康保険法に「居宅において継続して療養を受ける状態にある者（主治医がその治療の程度につき厚生労働省令で定める基準に適合していると認めたものに限る。）に対し、その者の居宅において看護師その他厚生労働省令で定める者（省令では、保健師、助産師、准看護師、理学療法士、作業療法士及び言語聴覚士が定められていますが、医師は含まれていません）が行う療養上の世話又は必要な診療の補助」と定義されています（同法88条1項）。

上記の厚生労働省令で定める基準では、「病状が安定し、又はこれに準ずる状態にあり、かつ、居宅において看護師等が行う療養上の世話及び必要な診療の補助を要すること」とされ（健康保険法施行規則67条）、主治医がこの基準に適合していると認めたものに限られます。

したがって、指定訪問看護を受けられるのは、疾病等により、居宅において継続して療養を受ける状態にある者であって、主治医が訪問看護の必要性（病状が安定し、かつ、看護師等の訪問を要する）を認めた者ということになります。

具体的な指定訪問看護の内容は、主治医の指示（指示書）に基づき、訪問看護ステーションの看護師等が居宅を訪問し、病状の観察、清拭、じょく瘡の処置等のサービスを行うもので、訪問看護の利用日数は、末期がん患者、難病患者等厚生労働大臣が定める疾病等の利用者の場合を除き、週3日が限度とされています（特掲診療科の施設基準等（平20年厚生労働省告示63号）、訪問看護療養費に係る指定訪問看護の費用の額の算定方法（平20年厚生労働省告示67号））。原則として、同時に2か所以上の訪問看護ステーションから指定訪問看護を受けることはできません。

訪問看護療養費の額は、厚生労働大臣が定める基準（平成20年厚生労働省告示67号）により算定した額から、その3割（70歳以上の高齢受給者で現役並み所得者に該当しない者については2割）に相当する基本利用料（自己負担額）を控除した額です。看護師等の交通費、おむつ代等の実費や営業時間外のサービス等を希望して別途の料金を支払った場合は自費となります（指定訪問看護の事業の人員及び運営に関する基準（平成12年厚生省令第80号）13条）。

なお、自己負担額について、療養の給付と同様徴収猶予及び減免の措置を採ることができることとされています（同条2項）。

7 家族訪問看護療養費

居宅で療養している被扶養者が、医師の指示に基づいて指定訪問看護事業者から療養上の世話や必要な補助等の指定訪問看護を受けた場合には、家族訪問看護療養費が支給されます（国共済法57条の3）。訪問看護療養費と同様、現物給付が原則となっています。

家族訪問看護療養費の額は、厚生労働大臣が定める基準により算定した額から、その3割（義務教育就学前の者及び現役並み所得者に該当しない70歳以上の者は2割）に相当する基本利用料（自己負担額）を控除した額です（同条2項）。訪問看護療養費と同様、看護師等の交通費、おむつ代等の実費や営業時間外のサービス等を希望して別途の料金を支払った場合は自費となります。

なお、自己負担額について、療養の給付と同様、共済組合は徴収猶予及び減免の措置を採ることができることとされています(同項）。

8 移送費

移動が困難な組合員について、医師がその必要を認め転地療養を勧奨する場合であって、その傷病の治療に当たっては随時医師の指導監視の下で治療を受ける等移送の目的である療養が保険診療として適切であると共済組合が認めるときは、移送に要した費用について移送費が支給されます(国共済法 56 条の 3)。

健康保険法では、①移送により同法に基づく適切な療養を受けたこと、②移送の原因である疾病又は負傷により移動をすることが著しく困難であったこと、③緊急その他やむを得なかったこと、のいずれにも該当すると認める場合に移送費が支給されることとされており(健康保険法施行規則 81 条)、その額は、最も経済的な通常の経路及び方法により移送された場合の費用により算定した金額で、かつ、現に移送に要した費用の金額を超えることができないこととされています(同施行規則 80 条)。

すなわち、移送費は、適切な保険診療を受診するために必要となる交通手段を確保するための費用をいわゆる現金給付として支給することを目的とした給付で、一般には交通費が対象となります。

移送費の額は、国共済法第 56 条の 3 第 2 項によれば、「健康保険法に規定する厚生労働省令で定めるところによりされる算定の例により算定した金額」とされており、上記健康保険法施行規則第 80 条で定めるように、最も経済的な通常の経路及び方法により移送された場合の旅費として計算された額の範囲内で実際に要した費用が移送費の額となります。

移送費の対象となる費用については、患者を移送するための直接的な経費(タクシー、電車の運賃等)の外、健康保険の場合、一人では移動が困難で、医学的管理が必要であると医師が判断する場合に限り、原則として一人までに限り患者の付添人(医師又は看護師等)の運賃、宿泊料も移送費として取り扱って差し支えないこととされています(平成 6 年 9 月 9 日厚生省保険局通知)。その際、患者が日当(その医学的管理等に要する費用)を支払った場合には、診療報酬に係る基準を勘案してこれを評価し、現に要した費用の額の範囲内で、移送費とは別に、療養費として支給を行うことができることとされており(同通知)、この場合は 3 割等の自己負担が生じます。疾病負傷に対する症状の軽重等その程度は医師の認定によることになります。

9 家族移送費

移動が困難な被扶養者について、医師の指示で移送した場合であって、移送の目的である療養が保険診療として適切であると共済組合が認めるときは、移送に要した費用について組合員に家族移送費が支給されます（国共済法57条の4）。

家族移送費の額は、移送費と同様、最も経済的な通常の経路及び方法により移送された場合の旅費として計算された額の範囲内で実際に要した費用とされています（同条2項）。

10 高額療養費

1　高額療養費のしくみ

重い病気などで長期入院した場合や治療が長引く場合のように、自己負担額が高額となることによる家計の負担を軽減するため、一定の金額（負担限度額）を超えた負担（保険外併用療養費の自費診療部分並びに食事療養及び生活療養の場合の標準負担額は除きます）に対して高額療養費が支給されます（国共済法60条の2、国共済法施行令11条の3の3、11条の3の4）。

組合員及び被扶養者ともに、同一の病院、診療所、薬局その他の医療機関又は指定訪問看護事業者（病院等）での1か月の負担限度額と高額療養費の計算は、組合員の年齢や所得などに応じて後述2の「(1)70歳未満の者の場合」、「(2) 70歳以上の者の場合」及び「(3) 70歳以上の者と70歳未満の者が混在する場合」のように定められています（国共済法施行令11条の3の5）。

なお、入院及び外来とも、一の病院等ごとに1か月の負担限度額を超える部分は現物給付化されており（国共済法施行令 11 条の 3 の 6）、支払基金を経由して、病院等から直接共済組合に請求が行われるため、患者は病院等の窓口で負担限度額だけを支払えばよいことになっています。

（限度額適用認定証と限度額適用・標準負担額減額認定証）

現物給付の取扱いを受けるためには、組合員の所得区分（標準報酬月額等の区分）によって負担限度額が異なることから、病院等の窓口でその区分を明らかにする必要があり、70 歳未満の者の場合は、受診の際、組合員証又は組合員被扶養者証とともに、低所得者以外の者については「限度額適用認定証（国共済法施行規則別紙様式 21 号の 2 の 3）」を、低所得者については「限度額適用・標準負担額減額認定証(国共済法施行規則別紙様式 21 号の 3）」を、それぞれ病院等の窓口に提示する必要があります（国共済法施行規則 105 条の 7 の 2 第 5 項、105 条の 9 第 5 項）。

また、70 歳以上の者の場合は、組合員証又は組合員被扶養者証及び自己負担割合が記載された高齢受給者証(国共済法施行規則別紙様式15号の3)とともに、低所得者については「限度額適用・標準負担額減額認定証」を、低所得者以外の者については「限度額適用認定証」を病院等の窓口に提示する必要があります（国共済法施行規則 99 条、105 条第 1 項、105 条の 9 第 5 項）。

限度額適用認定証及び限度額適用・標準負担額減額認定証は組合員からの申請に基づいて共済組合から交付されますが、「限度額適用認定申請書」又は「限度額適用・標準負担額減額認定申請書」にその事実を証明する証拠書類（低所得者の場合は市町村民税の非課税証明、所得が一定基準に満たない者の場合はさらに給与や年金の源泉徴収票、生活保護の要保護者の場合は福祉事務所長が行う標準負担額認定該当の証明等）を添えて共済組合に申請する必要があります（国共済法施行規則 105 条の 7 の 2 第 1 項、105 条の 9 第 1 項）。

交付される限度額適用認定証の適用区分欄には、標準報酬月額の高い者の区分から順に「ア」、「イ」、「ウ」又は「エ」と、70歳以上の者で標準報酬月額が28万円〜50万円のものは「現役並みⅠ」と、標準報酬月額が53万円〜79万円のものは「現役並みⅡ」と記載されます（国共済法施行規則別紙様式21号の2の3備考6）。また、限度額適用・標準負担額減額認定証の適用区分欄には、適用対象者が70歳未満の低所得者である場合は「オ」と、70歳以上の低所得者である場合は「Ⅱ」又は「Ⅰ」と記載されます（同規則別紙様式21号の3備考6）。やむを得ない理由によって、限度額適用認定証又は限度額適用・標準負担額減額認定証を病院等に提示できないため負担限度額を超える部分について現物給付の取扱いを受けられなかったときは、窓口で3割等の自己負担額を支払ったうえで、後日、高額療養費請求書により共済組合に高額療養費の請求（現金による償還払い）をすることになります（国共済法施行規則105条の4）。

自己負担額が年齢や所得の区分に応じて異なっている入院時食事療養費及び入院時生活療養費並びに高額療養費を受給する場合又は低所得者等の理由でこれらの給付の自己負担額を軽減する場合に必要となる書類は、次のようになります。

なお、マイナンバーカードによるオンライン資格確認を導入している保険医療機関等において、このオンライン資格確認機能を持たせたマイナンバーカードを提示することによって必要な情報を確認できる場合には、限度額適用認定証又は限度額適用・標準負担額減額認定証の申請、提示は必要ありません。

また、現物給付が適用される高額療養費は、組合員又は被扶養者ごとに同一の月に同一の病院等から受けた入院・外来ごとのそれぞれの医療費のみが対象になる（現物給付段階では世帯合算（後述）は行われない）ため、その他の負担限度額を超える自己負担額がある場合（例えば、複数の病院等から高額療養費の現物給付を受けた場合、同一世帯の中で複数の者について高額療養費の現物給付を受け、高額療養費の世帯合算の対象となる場合など）には、申請に基づき、負担限度額を超えた部分について、別途、現金による償還払いの高額療養費が共済組合から支給されます。

外来で同一の月に同一の病院等から複数回の診察を受ける場合は、累積して負担限度額を超えたときから現物給付の対象となります。また、一つの薬局で複数の病院等からの処方箋により薬剤の支給を受けたときは、同一の病院等が発行した処方箋のみの合算により現物給付に係る自己負担額が算定されます。

（参考）現物給付受給（自己負担軽減）の際必要となる書類一覧

区	分	共通に必要な書類	入院時食事療養費	入院時生活療養費	高額療養費の現物給付
70歳未満	低所得者以外の者	組合員証又は組合員被扶養者証	–	–	限度額適用認定証（標準報酬月額のいずれの区分かを確認）
	低所得者		限度額適用・標準負担額減額認定証（低所得者か更に入院90日以上かを確認）	限度額適用・標準負担額減額認定証（低所得者ⅠかⅡかを確認）	限度額適用・標準負担額減額認定証（低所得者かを確認）
70歳以上	低所得者以外の者	組合員証又は組合員被扶養者証 高齢受給者証（自己負担割合が2割か3割かを確認）	–	–	限度額適用認定証（現役並みⅠかⅡかを確認）
	低所得者		限度額適用・標準負担額減額認定証（低所得者ⅠかⅡか更にⅡのうち入院90日以上かを確認）	限度額適用・標準負担額減額認定証（低所得者ⅠかⅡかを確認）	限度額適用・標準負担額減額認定証（低所得者ⅠかⅡかを確認）

2　高額療養費の一般的な支給額

(1)　70歳未満の者の場合の高額療養費の計算

個人単位（レセプト1件ごと）で、次の標準報酬月額の区分に応じた負担限度額（後期高齢者医療制度への移行月については、同一月について共済制度と後期高齢者医療制度間で二重負担が起こるのを避ける目的で、それぞれの額に2分の1を乗じる）を超える部分が高額療養費の額となります（国共済法施行令11条の3の5）。

70歳未満の者の負担限度額（外来・入院共通）

区　　分	ひと月の限度額（世帯ごと）
ア　標準報酬月額83万円以上の者	252,600円＋(医療費－842,000円)×1% <140,100円>
イ　標準報酬月額79万円〜53万円の者	167,400円＋(医療費－558,000円)×1% <93,000円>
ウ　標準報酬月額50万円〜28万円の者	80,100円＋(医療費－267,000円)×1% <44,400円>
エ　標準報酬月額26万円以下の者	57,600円 <44,400円>
オ　低　所　得　者	35,400円 <24,600円>

(注)1　それぞれの区分に該当する組合員とその被扶養者の負担限度額となります。

2　低所得者とは、市町村民税非課税者等。

3　各区分に該当する者の自己負担割合は3割（義務教育就学前の被扶養者については、2割）。

4　限度額の<>内の金額は多数回該当の場合の限度額。

（世帯合算）

同一世帯の中で、同一の月に自己負担額が21,000円（後期高齢者医療制度への移行月については、10,500円）以上となる者が複数いる場合や同一人が同一月に複数の病院等にかかり、21,000円（後期高齢者医療制度への移行月については、10,500円）以上のものが複数ある場合は、それらの額を合算し（保険者単位で合算されるので、組合員とその被扶養者に限られ、同一世帯に健康保険の被保険者やその被扶養者がいても、それらは除かれます)、負担限度額にあてはめて高額療養費が計算されます。同一の病院等の場合で負担限度額を超える部分が「現物給付化」され、病院等の窓口では負担限度額までしか費用が徴収されないときは、自己負担額のうちその実際に支払った額が対象となります。

なお、生活保護受給者の受けた療養については、世帯合算の対象外とされています（国共済法施行令 11 条の 3 の 3 第 1 項、8 項）。

（多数回該当）

1 年のうちで通算して 4 回（4 か月。連続している必要はありません）以上高額療養費を受ける場合の 4 回目（4 か月目）以降の負担限度額は、上記の表のそれぞれのカッコ書の金額に軽減されます。この場合、同一世帯に健康保険の被保険者やその被扶養者がいて、1 年以内に健康保険法による高額療養費が支給されていても、国共済の多数回該当を判断する場合の数にはカウントされません。また、多数回該当の高額療養費を受給していた者を新たに被扶養者とした場合にも、扶養する組合員自身が過去 1 年以内に 3 回以上高額療養費を受給していなければ、引き続き多数回該当の高額療養費を受給することはできません。

〈計算例〉

Ａさん（35 歳）　医療費 15 万円（外来・自己負担額 4 万 5,000 円）

Ｂさん（65 歳）　医療費 60 万円（入院・自己負担額 18 万円）

組合員の標準報酬月額を 50 万円〜28 万円と仮定すると、入院した被扶養者のＢさんの場合、80,100 円＋(600,000 円－267,000 円) ×1％の計算式により 83,430 円が負担限度額となりますので、自己負担額 180,000 円から 83,430 円を控除した 96,570 円が病院等での現物給付のかたちで高額療養費が支給されます。次に、Ａさんとｂさんの 2 人を合わせた負担限度額は、80,100円＋(750,000円−267,000円)×1％の計算式により84,930円となりますので、Bさんの現物給付分を除いた自己負担額83,430円とAさんの自己負担額45,000円を合算した128,430円から84,930円を控除した43,500円が高額療養費（償還払い）として支給されます。したがって、現物給付と償還払いをあわせた高額療養費の額は、140,070円（96,570円＋43,500円）となり、最終的な自己負担は84,930円ということになります。

仮に入院分が多数回該当に該当すれば負担限度額は44,400円となるので、現物給付による高額療養費が135,600円、償還払いによる高額療養費は45,000円となり、合わせて180,600円が高額療養費として支給されることになります（最終的な自己負担は44,400円）。

(2)　70歳以上の者の場合の高額療養費の計算

負担限度額は、次の表のようになっており、71頁以下の①（外来の場合）及び②(入院の場合又は外来＋入院の場合）の区分に応じ、負担限度額（後期高齢者医療制度への移行月については、それぞれの額に2分の1を乗じた額）を超える部分が高額療養費の額となります。

（多数回該当）

低所得者以外の者については、70歳未満の者の場合の高額療養費と同様、1年のうちで通算して4回以上高額療養費を受ける場合の4回目(4か月目）以降の負担限度額は、次表のカッコ書にある140,100円（後期高齢者医療制度への移行月については、70,050円）等に軽減されます。

負　担　限　度　額

区　分		外来(個人ごと)	ひと月の限度額(世帯ごと)
	標準報酬月額83万円以上の者	252,600円＋(医療費−842,000円)×1% ＜140,100円＞	

<table>
<tr><td rowspan="2">現役並み所得者
(3割)</td><td>標準報酬月額
79万円～53万円の者</td><td colspan="2">167,400円＋(医療費－558,000円)×1%
＜93,000円＞</td></tr>
<tr><td>標準報酬月額
50万円～28万円の者</td><td colspan="2">80,100円＋(医療費－267,000円)×1%
＜44,400円＞</td></tr>
<tr><td colspan="2">一般の者
(2割)</td><td>18,000円
《年間14.4万円上限》</td><td>57,600円
＜44,400円＞</td></tr>
<tr><td colspan="2">低所得者Ⅱ
(2割)</td><td rowspan="2">8,000円</td><td>24,600円</td></tr>
<tr><td colspan="2">低所得者Ⅰ
(2割)</td><td>15,000円</td></tr>
</table>

(注)1　現役並み所得者とは、標準報酬月額が28万円以上である70歳以上の組合員とその70歳以上の被扶養者であって、かつそれらの者の前年（1月から8月に保険医療機関等で受診するときは前々年）の年収の合計額が520万円（加入する保険制度が夫婦で異なる等70歳以上の被扶養者がいないときは383万円。かつて被扶養者であった者で後期高齢者医療制度の被保険者等となったため被扶養者でなくなった者がいる場合は、被扶養者でなくなったときから継続して後期高齢者医療制度の被保険者等である5年以内に限り被扶養者の年収との合計額が520万円）以上の者。

2　低所得者Ⅱとは、市町村民税非課税者等。

3　低所得者Ⅰとは、低所得者のうち所得が一定基準に満たない者（年金収入80万円以下の者等）。

4　区分の(　)内の割合は自己負担割合。

5　限度額の＜＞内の金額は多数回該当の場合の限度額。

①　外来の場合

個人単位（レセプト１件ごと：月間）で上記の表の「外来」欄の負担限度額を超える部分が高額療養費の額となります。

また、この高額療養費の額（月間）については、平成29年８月から、一部見直されましたが、これに併せて「一般の者」には更に年間の自己負担限度額（14万4,000円）が設けられ、この自己負担限度額を超える部分が「年間の高額療養費」として支給されます。

(年間の高額療養費の対象等)

年間の高額療養費は、世帯内で、国共済の医療給付に自己負担額を有する世帯が対象となります。

組合員又はその被扶養者の個人ごとに１年間（計算期間）の自己負担額（月間の高額療養費が支給される場合には、その支給額を控除した額）の合計額が自己負担限度額（14万4,000円）を超えていれば年間の高額療養費の支給対象となります。

１年の計算期間は、8月から翌年の7月までが単位年度となっています。

この年間の高額療養費は、月間の高額療養費と異なり、計算期間内において、他の共済組合はもとより、健康保険や地方公務員共済組合など他の医療保険制度で負担した自己負担分も高額療養費の対象となる点に大きな特色があり、その額は、それぞれの制度から自己負担額に応じて按分して支給することになっています。

(年間の高額療養費の請求)

年間の高額療養費の請求は、7月末日時点に所属する医療保険の被保険者（又は組合員）がその所属する保険者（又は共済組合）に対して行うことになっており、被保険者は、申請に基づき保険者から発行される自己負担額証明書を添付（複数の医療保険に加入していたことがある者については、請求に基づき他の保険者から発行される自己負担額証明書をあわせて添付）した申請書を、7月末日に加入している保険者に提出しなければならないことになっています（国共済法施行規則105条の4の2、105条の4の3等）。

申請書を受理した保険者は、全体の給付額をまとめて計算し、そのうち他の医療保険に加入していたことがある者についてはその保険者にそれぞれ分担分を通知し、通知を受けた保険者は、それぞれ支給すべき額を被保険者に通知のうえ年間の高額療養費分担分を支給するしくみがとられています。

② 入院の場合又は外来＋入院の場合

世帯単位で自己負担額を合算し、69 頁の表の「ひと月の限度額」欄の負担限度額を超える部分が高額療養費の額となります。この場合には、70 歳未満の者のように 21,000 円（後期高齢者医療制度への移行月については、10,500 円）以上という世帯合算の対象となる自己負担額の下限額の制限はありません。

外来と入院がある場合の高額療養費の計算は、次のようになります。

ア　先ず、外来分の自己負担額について 69 頁の表の「外来」欄の負担限度額により個人ごとに高額療養費の額（a）を計算します。

イ　次に、外来分の自己負担額のうち高額療養費で負担されない部分の額と入院分の自己負担額を合算した額について 69 頁の表の「ひと月の限度額」欄の負担限度額により高額療養費の額（ｂ）を計算します。

ウ　ａとｂの合算額が最終的な高額療養費の額となります。

(3) 70 歳以上の者と 70 歳未満の者が混在する場合の高額療養費の計算

70 歳以上の者と 70 歳未満の者が混在する場合の高額療養費の計算は、次のようになります。

ア　先ず､70 歳以上の者の外来分の自己負担額について 69 頁の表の｢外来｣欄の負担限度額により個人ごとに高額療養費の額（ア）を計算します。

イ　次に、70 歳以上の者の外来分の自己負担額のうち高額療養費で負担されない部分の額と 70 歳以上の者の入院分の自己負担額を合算した額について69頁の表の「ひと月の限度額」欄の負担限度額により高額療養費の額（イ）を計算します。

ウ　最後に、70歳以上の者の全ての自己負担額のうち高額療養費で負担されない部分の額と70歳未満の者の21,000円（後期高齢者医療制度への移行月については、10,500円）以上の自己負担額を合算した額について66頁の70歳未満の者の負担限度額により高額療養費の額（ウ）を計算します。

エ　ア＋イ＋ウの合算額が最終的な高額療養費の額となります。

〈計算例〉組合員の標準報酬月額を50万円～28万円と仮定

Ａさん（45歳）　医療費70万円（入院・自己負担額21万円。なお、21万円のうち、標準報酬月額の区分に応じて算定される下記の負担限度額84,430円を控除した125,570円は現物給付のかたちで高額療養費が支給され、実際の自己負担額は84,430円であるものとします）

[負担限度額]

80,100円＋(700,000円－267,000円)×1%＝84,430円

Ｂさん（71歳）　医療費40万円（入院・自己負担額8万円）

医療費13万円（外来・自己負担額2万6,000円）

Ｃさん（71歳）　医療費5万円（外来・自己負担額1万円）

先ず70歳以上である被扶養者のＢさんの外来自己負担額26,000円から18,000円を控除した8,000円（ア）を計算します（70歳以上である被扶養者のＣさんの外来分は自己負担額が10,000円であるので、この段階では高額療養費の対象外）。次にＢさんのアを除いた自己負担額98,000円（入院80,000円＋外来18,000円）とＣさんの自己負担額10,000円を合算した108,000円から負担限度額の57,600円を控除した50,400円（イ）を計算します。

最後にＢさん、Ｃさんのア及びイを除いた自己負担額57,600円とＡさんの実際の自己負担額（窓口負担額）を合算した142,030円から80,100円＋(1,280,000円－267,000円)×１％の計算式により算定される負担限度額90,230円を控除した51,800円（ウ）を計算し、ア＋イ＋ウの110,200円が現金給付（償還払い）による高額療養費の額となります。

したがって、現物給付と現金給付（償還払い）をあわせた高額療養費の額は、235,770円（最終的な自己負担額90,230円）となります。

なお、3人の自己負担額の合計326,000円から負担限度額90,230円を控除した235,770円のうち現物給付のかたちで支給される高額療養費125,570円を除いた額を算出しても、現金給付（償還払い）による高額療養費の額は同じ結果となります。

３　高額療養費の支給額の特例

①　公費負担医療に係る高額療養費の一般的な特例（原則現物給付）

「原子爆弾被爆者に対する援護に関する法律」による一般疾病医療費のように、保険優先の公費負担医療の対象となる療養（特定給付対象療養）のうち次の②で述べる「特定疾病給付対象療養」に該当する療養以外の療養の場合、高額療養費の負担限度額は、所得による区分はなく、一律同一区分の金額（70歳未満については67頁の表のウの区分、70歳以上については69頁の表の一般の者の区分）が適用されて現物給付化されます（国共済法施行令11条の3の3第6項、11条の3の6第6項)が、医療保険で負担した残り部分をすべて公費が補てんしてしまう場合と、療養対象者等の所得に応じて一定額の費用徴収がある場合があり、現物給付化されないこうした費用徴収額については、世帯合算の対象とされます。ただし、70歳未満の者の場合は、公費負担がないとしたならば本来計算される自己負担額が21,000円（後期高齢者医療制度への移行月については、10,500円）以上のものの費用徴収額に限られます（国共済法施行令11条の3の3第1項2号）。

このように特定給付対象療養の場合は、公費負担があるため、最終的な自己負担は生じないか生じても低額となるために、多数回該当による軽減措置は適用されず、また多数回該当を判断する場合の高額療養費の数にもカウントされません。

②　公費負担医療のうち特定疾病に係る高額療養費の特例（原則現物給付）

特定給付対象療養のうち治療方法が確立していない疾病等当該疾病にかかってしまったことにより長期にわたる療養を必要とすることとなるもの(㋐児童福祉法第 19 条の２第１項の小児慢性特定疾病医療費の支給、㋑難病の患者に対する医療等に関する法律第５条第１項の特定医療費の支給及び㋒「特定疾患治療研究事業について」（昭和 48 年４月 17 日厚生省公衆衛生局長通知衛発 242 号）による治療研究に係る医療の給付－平成 21 年厚生労働省告示 290 号で指定、これを平成 21 年５月１日財務省告示 153 号で引用－）のその療養(特定疾病給付対象療養)に要する費用については、病院等の窓口において所得に応じた費用徴収を行う必要から、所得階層別に独自の負担限度額が定められ、公費負担を行う実施機関（都道府県、政令指定都市等）で対象者の所得情報が概ね把握されています。

そこで、実施機関から共済組合に対し簡便な照会・確認を行いさえすれば、病院等において所得区分の把握が可能となる等の事情を踏まえ、特定疾病給付対象療養に係る高額療養費の負担限度額は、原則どおりの所得区分に応じた 67 頁又は 69 頁の負担限度額を適用したうえで、現物給付化されることになっています（国共済法施行令 11 条の３の３第７項、11 条の３の６第６項）。

この場合、多数回該当による軽減措置も適用になりますが、現物給付を原則としているため、病院等の窓口において該当の有無が容易に判定できるように、同一の病院等において受けた特定疾病給付対象療養（入院療養に限る。）に係る高額療養費のみがカウントの対象になります（国共済法施行令11条の3の5第7項）。

現物給付化されない費用徴収額については、世帯合算の対象とされます。ただし、70歳未満の者の場合は、公費負担がないとしたならば本来計算される自己負担額が21,000円（後期高齢者医療制度への移行月については、10,500円）以上のものの費用徴収額に限られます。なお、他の疾病との世帯合算の場合、特定疾病給付対象療養に係る高額療養費の支給回数は、多数回該当の支給回数としてカウントされません。

特定疾病給付対象療養に係る自己負担限度額の適用を受けるためには、共済組合による所得区分の認定を受ける必要があります。申請は実施機関（都道府県、政令指定都市等）経由で提出し、共済組合が認定を行った場合には、実施機関を通じて組合員に所得区分が通知されます。認定を受けた者が、病院等において特定疾病給付対象療養を受けるときは、実施機関から、所得区分が記載された受給者証の交付を受け、病院等の窓口に提示することにより高額療養費を現物給付の形で受けることができます（国共済法施行規則105条の5の2）。

上記の申請を行えば、高額療養費の現物給付を受けるために必要となる限度額適用認定の申請又は限度額適用・標準負担額減額認定の申請は行う必要がありません。

③　長期高額疾病に係る療養についての負担限度額の軽減措置（原則現物給付）

著しく高額で長期にわたって治療を要する疾病（特定疾病）に係る療養を要する患者については、経済的負担を軽減するため、負担限度額の特例が設けられています。具体的には、㋐人工腎臓（人工透析）を実施している慢性腎不全の患者、㋑血漿分画製剤を投与している先天性血液凝固第Ⅷ因子障害又は第Ⅸ因子障害（血友病）の患者、㋒抗ウイルス剤を投与している後天性免疫不全症候群の患者については、負担限度額が10,000円（標準報酬月額が53万円以上の組合員及びその被扶養者で70歳未満のものが受ける人工透析については、20,000 円）（後期高齢者医療制度への移行月については、それぞれの額に２分の１を乗じた額)に軽減されており、その金額を超える分は現物給付化されます（国共済法施行令 11 条の３の３第９項、11 条の３の６第６項）。この負担軽減措置は、共済組合に申請して、自己負担限度額（2 万円か 1 万円か）が記載された「特定疾病療養受療証」（国共済法施行規則別紙様式 21 号の 2）の交付を受け、病院等の窓口に組合員証又は組合員被扶養者証とともに提示することにより適用を受けることができます（国共済法施行規則 105 条の 5 の 3）が、マイナンバーカードによるオンライン資格確認を導入している保険医療機関等において、このオンライン資格確認機能を持たせたマイナンバーカードを提示することによって必要な情報を確認できる場合には、これらの組合員証等の提示は必要ありません。20,000 円の負担限度額が適用される者についても、70 歳到達月の翌月から 10,000 円（後期高齢者医療制度への移行月については、5,000 円）の負担限度額となります。この負担軽減措置により受ける高額療養費は負担限度額が低い金額に設定されていることから、多数回該当による負担軽減措置は適用されず、また多数回該当を判断する場合の数にはカウントされません。

一方 70 歳未満の者の場合の世帯合算に関しては、一般に、この自己負担部分については、全額が公費で補てんされることになっており、実質的な負担がないことから、原則、世帯合算の対象外とされていますが、費用徴収がある場合には、費用徴収額は世帯合算の対象とされます。ただし、70 歳未満の者の場合は、特定疾病でないとしたならば本来計算される自己負担額が 21,000 円（後期高齢者医療制度への移行月については、10,500 円）以上のものの費用徴収額に限られます。

11　高額介護合算療養費

医療保険と介護保険の両方を利用する世帯の自己負担額が重くなりすぎ

ないよう、国共済の高額療養費支給後の「自己負担額」並びに介護保険の高額介護サービス費支給後の「介護サービス利用者負担額」及び高額介護予防サービス費支給後の「介護予防サービス利用者負担額」を高額療養費の世帯合算の単位で合算した額が、年間で判断して著しく高額となる組合員に対して、負担限度額を超えた部分が「高額介護合算療養費」として支給されます（国共済法60条の3、国共済法施行令11条の3の6の2）。

（高額介護合算療養費の負担限度額）

具体的な負担限度額は、高齢者医療の年間自己負担限度額を勘案した56万円を基本として、医療保険各制度や所得区分ごとの負担限度額を踏まえて次表のように定められています（国共済法施行令11条の3の6の3）。

この高額介護合算療養費制度は、同一世帯内の介護保険制度や他の医療保険制度による自己負担額を、年間を支給単位として合算する点に大きな特徴があります。なお、後期高齢者医療制度と介護保険制度間でも同様の合算制度が設けられています（負担限度額は次表の参考欄参照）。

高額介護合算療養費制度における世帯の負担限度額（年額）

<table>
<tr><th>区　分</th><th>医療保険（世帯内の70歳未満）＋介護保険</th><th>医療保険（世帯内の70歳～74歳）＋介護保険</th><th>（参考）後期高齢者医療制度＋介護保険</th></tr>
<tr><td>基準月の標準報酬月額83万円以上</td><td>212万円</td><td>212万円</td><td rowspan="3">67万円</td></tr>
<tr><td>基準月の標準報酬月額79万円～53万円</td><td>141万円</td><td>141万円</td></tr>
<tr><td>基準月の標準報酬月額50万円～28万円</td><td>67万円</td><td>67万円</td></tr>
<tr><td>基準月の標準報酬月額26万円以下</td><td>60万円</td><td>56万円</td><td>56万円</td></tr>
</table>

低所得者　Ⅱ	34万円	31万円	31万円
低所得者　Ⅰ		19万円	19万円

(高額介護合算療養費の対象等)

高額介護合算療養費は、世帯内で、国共済の医療給付及び介護給付の両方に自己負担額を有する世帯が対象となります。

世帯単位で合算した自己負担額(70歳未満の医療給付については、高額療養費と同様、自己負担額が21,000円（後期高齢者医療制度への移行月については、10,500円）以上のものに限られます）が前表の負担限度額を超えていれば高額介護合算療養費の支給対象となり、高額療養費や高額介護サービス費・高額介護予防サービス費が支給されているかどうかは、支給要件とはなっていません。ただし、合算した自己負担額から負担限度額を控除した額が500円以下である場合には支給されません。

介護保険法にも「高額医療合算介護サービス費」及び「高額医療合算介護予防サービス費」が創設され、世帯における医療・介護の自己負担額の年間合計額から前表にある負担限度額を控除して得られた額を、それぞれの制度から自己負担額に応じて按分して給付することになっています。

(高額介護合算療養費の請求)

利用者の利便性の観点から、高額介護合算療養費の請求は、7月末日時点に所属する医療保険の被保険者（又は組合員）がその所属する保険者（又は共済組合）に対して行うことになっており、被保険者は、申請に基づき介護保険者（転居等をして介護保険者が変更になった場合は、それぞれの介護保険者）から発行される介護自己負担額証明書を添付（複数の医療保険に加入していたことがある者については、請求に基づき他の保険者から発行される自己負担額証明書をあわせて添付）した申請書を、7月末日に加入している保険者に提出しなければならないことになっています（国共済法施行規則105条の11、105条の12等）。

申請書を受理した保険者は、全体の給付額をまとめて計算し、そのうち介護保険の分担分を介護保険者に、また他の医療保険に加入していたことがある者についてはその保険者にそれぞれ分担分を通知し、通知を受けた介護保険者等は、それぞれ支給すべき額を被保険者に通知のうえ高額介護合算療養費分担分を支給するしくみがとられています。

高額療養費と異なり、他の共済組合はもとより、健康保険や地方公務員共済組合など他の医療保険制度で負担した自己負担分も高額介護合算療養費の対象となる点に大きな特色があります。

１年の計算期間は、現行の高額療養費の実施内容や市区町村の事務負担等を勘案して、8月から翌年の7月までが単位年度となっています。また、所得等の区分に応じた負担限度額のいずれに該当するかについては、7月末日時点の状況で判断されます。

〈例〉（高額療養費が支給される場合は、支給後の自己負担額です）

	組合員（70 歳未満）	被扶養者Ａ（70 歳以上）	被扶養者Ｂ（70 歳以上）	計
共済組合	200,000 円	400,000 円	100,000 円	700,000 円
介護保険		50,000 円	300,000 円	350,000 円

(標準報酬月額を 50 万円～28 万円と仮定した場合の計算式)

① 70 歳以上の者に係る自己負担額の合算額について、70 歳以上の者の負担限度額を適用します。

400,000 円＋100,000 円＋50,000 円＋300,000 円＝850,000 円

850,000 円－670,000 円＝180,000 円（支給額ア）

（70 歳以上分の按分）

共済組合　180,000 円×500,000 円／850,000 円＝105,882 円

介護保険　180,000 円×350,000 円／850,000 円＝74,118 円

②　①による計算後になお残る自己負担額と70歳未満の者に係る自己負担額の合算額について、70歳未満の者の負担限度額を適用します。

670,000円＋200,000円＝870,000円

870,000円－670,000円＝200,000円（支給額イ）

（70歳未満分の按分）

共済組合　200,000円×(700,000円－105,882円)／(1,050,000円－180,000円)

＝200,000円×594,118円／870,000円＝136,579円

介護保険　200,000円×(350,000円－74,118円)／(1,050,000円－180,000円)

＝200,000円×275,882円／870,000円＝63,421円

③　支給額合計（支給額ア＋支給額イ）

380,000円

④　各保険者の負担額

共済組合　105,882円＋136,579円＝242,461円

介護保険　74,118円＋63,421円＝137,539円

⑤　各被保険者への支給額（介護保険は個人単位で支給）

組　合　員　242,461円

被扶養者Ａ　137,539円×50,000円／350,000円＝19,648円

被扶養者Ｂ　137,539円×300,000円／350,000円＝117,891円

12　出　産　費

組合員が出産したときは、出産費が支給されます（国共済法61条1項）。

出産とは、妊娠4か月以上（85日以上）の胎児の娩出をいうものとされており、妊娠4か月以上の胎児の異常分娩や人工妊娠中絶の場合も、「出産」に該当します（運用方針）。異常分娩など正常な出産でないときは、保険診療の対象となり、療養の給付などを別途受けることができますが、この場合でも出産費は支給されます。

出産費の支給額は、48万8,000円の定額とされています（国共済法施行令

11条の3の7）が、次の要件のいずれにも該当する病院、診療所、助産所等による医学的管理の下における出産であると共済組合が認めたときは、48万8,000円に公益財団法人日本医療機能評価機構が運営する産科医療補償制度又はこれに類似の制度による保険料（在胎週数が22週以降の出産（死産を含む）について保険料負担が発生します）に相当する1万2,000円を加算した50万円が支給額とされています（同条ただし書、国共済法施行規則106条）。

ア　出産について、特定出産事故（在胎週数が28週以上の出産に係る事故（天災等の非常事態及び出産をした者の故意又は重大な過失による事故は除かれます）で、出生した者が当該事故により身体障害者福祉法施行規則別表第5号の1級又は2級に該当する重度の脳性麻痺にかかったもの）が発生した場合に、その出生した者の養育に係る家族の経済的負担の軽減を図るための補償金の支払いに要する費用の支出に備える目的で、適切な期間にわたり3千万円以上の補償金が病院等に支払われる等の一定の保険契約が締結されていること

イ　出産に係る医療の安全を確保し、その医療の質の向上を図るため、特定出産事故に関する情報の収集、整理、分析及び提供について、これらを適切に行うことができる第三者機関に委託していること

したがって、産科医療補償制度に加入する医療機関等で在胎週数が22週以降に出産（死産を含む）した場合の出産費は、一般に50万円となります。なお、1万2,000円は産科医療補償制度による保険料相当額であるので、今後の保険料の変動によって見直しが行われる可能性があります。

加算対象の出産かどうかの判別に関しては、産科医療補償制度に加入する医療機関等に対しては、その旨を表示した所定の印影が配布されることになっており、出産費の申請に当たっては、その印影が押印された領収書のコピーを添付する必要があります。

また、下記に述べる直接支払い制度を利用する場合には、出産後に、印影

が押印された分娩費用請求書の写しが医療機関等から共済組合に送付されることになります。

多生児を出産したときは、出産費は胎児数分だけ支給されますので、双生児出産の場合は２人分になります（運用方針）。

≪出産費の医療機関等への直接支払制度≫

少子化対策の一環として、安心して出産できる環境を整備するという観点から、出産費の医療機関等への直接支払制度が設けられています（平成21年６月19日財務省主計局長通知）。

組合員が医療機関等との間に出産費の支給申請及び受取に係る代理契約を締結することにより、医療機関等から組合員に対し請求される出産費用について、共済組合は国民健康保険団体連合会又は社会保険診療報酬支払基金を通じて医療機関等に対し出産費用に相当する額を支払うことができるようにするためのもので、組合員が医療機関等の窓口において一時に多額の出産費用を支払う負担を軽減することができます。

参考までに、産科医療補償制度に加入する医療機関等で出産の場合で、分娩費用が50万円以内である場合の直接支払制度の手続きの流れを示すとおおむね次のようになっています。

①　組合員は、入院時に組合員証を医療機関等の窓口に提示します。

②　医療機関等は、退院するまでの間に、組合員に直接支払制度について十分な説明を行ったうえで、書面により直接支払制度の利用希望の合意を得ます（書面は２通作成し、１通は組合員が所持）。

　なお、直接支払制度を利用せず、従来どおりの方法で出産費の請求をすることも可能です。ただし、この場合は、同一の出産について重複請求をしていないことを示す書類の提出が必要となります。

③　分娩

④　医療機関等は、要した分娩費用の内訳等を明らかにした明細書を組

合員に手交します。あわせて分娩費用が50万円を上回る場合は、その上回る部分を組合員に請求します。

⑤　医療機関等は専用の「出産育児一時金代理申請・受取請求書」を、医療費の保険請求のない正常分娩の場合は国民健康保険団体連合会に、帝王切開等医療費の保険請求のある異常分娩の場合は社会保険診療報酬支払基金に、退院日の翌月の10日（間に合えば退院月の10日）までに到着するように提出します。なお、光ディスク等によるＣＳＶ情報により提出する場合は、退院月の25日までに到着するよう提出することも選択できます。

⑥　国民健康保険団体連合会又は社会保険診療報酬支払基金は、記載内容、請求限度額等の確認を行い、共済組合に「出産育児一時金代理申請・受取請求書」を送付して出産費に相当する額の支払いを請求（10日提出分は提出月の20日頃まで、25日提出分は提出月の翌月7日までに請求）します。

⑦　⑥の請求を受けた共済組合は、請求書の確認を行ったうえで支払額を決定し、国民健康保険団体連合会又は社会保険診療報酬支払基金に支払います（10日提出分は当月の末日を目途、25日提出分は翌月の18日までに支払い）。

⑧　国民健康保険団体連合会又は社会保険診療報酬支払基金は共済組合から支払いを受けた額を医療機関等に支払います（事前に、共済組合が医療機関等に支払うべき出産費の支払いに関し共済組合（契約受任者共済組合連盟）と国民健康保険団体連合会（代理者国民健康保険中央会）及び社会保険診療報酬支払基金との間で直接支払に係る業務委託契約が締結されています）。

（注）分娩費用が50万円を下回る場合は、50万円との差額は共済組合が組合員に支払う必要があります。この場合は、国共済法施行規則第106条第7項の出産費請求書に②の書面及び④の明細書を添付して請求す

ることになりますが、出産費が組合員の経済的負担を軽減する現金給付である制度の趣旨に照らし、請求を受けた共済組合は、「出産育児一時金代理申請·受取請求書」に基づく出産費の支払いの決定を行う前であっても差額の支払いはできることになっています。

出産費に係る附加給付は、直接支払制度を利用する場合は、その対象となっていないため別途の請求が必要となります。

≪出産費の受取代理制度≫

資金繰りや事務負担等の関係で直接支払制度の導入が困難な小規模医療機関等に対して、平成23年4月以降、平成21年10月に一旦廃止された受取代理制度が再導入されています。この制度は、組合員とあらかじめ厚生労働省に届出を行った医療機関等(※)との間で出産費の受領についての任意の委任契約を締結したうえで、組合員自身が出産予定日の2か月以内の時期に共済組合に事前に出産費の支給申請をして利用するもので、この制度を利用することによって、直接支払制度では退院後最大で1月半程度を要している医療機関等への支払いが、共済組合から直接医療機関等に支払うことができるため、最短で1週間程度に短縮できます。

※　年間の分娩件数100件以下の診療所、助産所及び正常分娩に係る収入の割合が50%以上の診療所、助産所を目安として、厚生労働省に届出を行うことによって、受取代理制度を利用することができます。

特例　資格喪失後の出産費の支給

組合員の資格を喪失した日の前日まで引き続き1年以上組合員であった者（引き続く期間には任意継続組合員であった期間が含まれます）が職員を退職後6か月以内に出産した場合には、出産費が支給されます。退職後組合員の被扶養者になったときは家族出産費の支給事由にも該当することになりますが、この場合は出産費が優先されます（国共済法61条2項、3項）。

なお、資格喪失後支給される給付は、出産費のほか埋葬料、傷病手当金及び出産手当金があります。

13 家族出産費

被扶養者が出産したときは、組合員に家族出産費が支給されます（国共済法61条3項）。

家族出産費の支給額は、48万8,000円の定額です（国共済法施行令11条の3の7）。また出産費と同様家族出産費も、産科医療補償制度に加入する医療機関等で在胎週数が22週以降に出産（死産を含む）した場合には、1万2,000円を限度とした保険料相当額が加算されますので、原則50万円となります(同条ただし書）。多生児出産の場合は、胎児数分が支給されます。

出産費のところでも述べたように、少子化対策の一環として、医療機関等への直接支払制度及び受取代理制度が設けられていますが、家族出産費についても、これらの制度の適用が受けられます。

14 埋葬料

組合員が公務や通勤災害によらない理由で死亡したときは、死亡当時の被扶養者で埋葬を行う者に埋葬料が支給されます（国共済法63条1項）。

この場合の埋葬を行う者とは、「社会通念上埋葬を行うべき者とみられる者」と解されており(運用方針）、実際に他の者が埋葬を行ったとしても社会通念上埋葬を行うべき者とみられる者がいれば、埋葬料は支給されます。

埋葬料の支給額は5万円の定額です（国共済法施行令11条の3の8）。

「社会通念上埋葬を行うべき者とみられる者」がいないときは、実際に埋葬を行った者に、5万円の範囲内で埋葬に要した実費相当額が支給されます(国共済法63条2項）。この場合の実費には、霊柩代、霊柩の借料、霊柩の運搬費、葬式の際における僧侶への謝礼、霊前供物代のほか入院患者が死亡した病院から自宅への移送費用なども含まれることになっています（運用方針）。

特例　資格喪失後の埋葬料の支給

組合員であった者が退職後3か月以内に死亡した場合には、上記に準じて埋葬料が支給されます（国共済法64条）。

15　家族埋葬料

被扶養者が死亡したときは、組合員に家族埋葬料が支給されます（国共済法63条3項）。被扶養者が死亡したときとされていますので、被扶養者でない者、たとえば死産児の埋葬を組合員の経済的負担で行ったとしても家族埋葬料は支給されません。

家族埋葬料の支給額は、5万円の定額です（国共済法施行令11条の3の8）。

第２　休業給付

1　傷病手当金

傷病手当金は、組合員（任意継続組合員を除きます）が公務や通勤災害によらない病気やけが（保険診療に限定されません）のために働くことができず、連続して３日以上勤務を休んでいるときに、４日目以降の勤務しなかった日から、日を単位として支給されます（国共済法66条）。勤務できない日の分として給与が支給される場合には、次に述べる国共済法第66条第6項又は第７項に該当して傷病手当金が調整される場合を除いて、日額換算した給与相当分を控除して傷病手当金が支給されます（国共済法69条）。なお、傷病手当金の支給を受けている期間内に更に別の傷病で働くことができない状態となった場合の別の傷病に係る傷病手当金の支給期間は、働くことができない状態となった４日目から起算されますが、二重に傷病手当金が支給されることはありません（運用方針）。

（障害手当金又は障害厚生年金等との調整）

同一の事由で障害手当金や障害厚生年金、障害基礎年金を受けている場合には、障害手当金の場合はその額に達するまで、障害厚生年金及び障害基礎年金の場合は、原則として年金額を日額換算した額の範囲で傷病手当金が支給されません（国共済法66条６項、７項）。具体的には次のような取扱いとなっています。

ア　給与及び出産手当金の両方を受けない場合　年金額を日額換算した額を控除して支給

イ　給与を受けないが出産手当金を受ける場合　出産手当金と年金額を日額換算した額のいずれか多い額を控除して支給

ウ　給与を受けるが出産手当金を受けない場合　給与を日額換算した額と年金額を日額換算した額のいずれか多い額を控除して支給

エ　給与及び出産手当金の両方を受ける場合　給与を受けないものとして算定された出産手当金と年金額を日額換算した額のいずれか多い額を控除して支給（給与との調整は国共済法69条の規定に基づき出産手当金の方で行われます）

（傷病手当金の支給額及び支給期間）

傷病手当金の支給額（日額）は、直近の継続した12月間の各月の標準報酬月額の平均額の22分の1に相当する金額（10円未満四捨五入）の3分の2に相当する金額（1円未満四捨五入）であり、支給を開始してから勤務できない期間を通算して1年6月間（結核性の病気については3年間）支給されます（国共済法66条2項～4項）。支給期間の途中で出勤した期間がある場合には、その期間は勤務できない期間から除かれるので、その分支給期間が延長になります（運用方針）。

なお、直近の継続した12月間の各月の標準報酬月額がとれない場合の上記下線部分の金額は次のア又はイにより算出したいずれか少ない金額とする特例があります（国共済法66条2項ただし書）。

ア　直近の継続した各月の標準報酬月額の平均額の22分の1に相当する金額

イ　前年度の9月30日における当該共済組合のすべての短期給付の適用を受ける全ての組合員の同月における標準報酬月額の平均額を報酬月額として算出した標準報酬月額の22分の1に相当する金額

土曜日及び日曜日は勤務を要しない日であるので、支給期間内であっても傷病手当金は支給されません。

～支給期間の延長に関する取扱い～

前記の支給期間の延長に関しては次のような取扱いがなされています。

■1日のうち、1時間でも出勤していれば出勤日として取扱い、延長する日に含めます。

■土曜日及び日曜日の取扱いは、待期期間の算定の場合に準じて、土曜日の前日に出勤の場合（中途から出勤の場合を含む）は、同日に続く土曜日及び日曜日は出勤した日とみなします。ただし、金曜日の中途から病気休暇等で退庁した場合は、勤務の中途で発病した場合の待期期間の算定に準じて、同日に続く土曜日及び日曜日は出勤した日とみなしません。つまり、土曜日及び日曜日は、入院等客観的事実のある場合を除き、復職の日及び休職の日の起算日とはなりません。

なお、土曜日及び日曜日に引き続き再び同一の疾病を理由として病気休暇となる場合であっても、上記の取扱いがされます。

■傷病手当金支給開始日から1年6月を経過した日以降、支給期間を延長する場合、通常1年6月間を経過した翌日から延長しますが、その延長開始日が土曜日、日曜日及び祝日となった場合であっても、延長の開始日はその土曜日、日曜日及び祝日から始まります。

特例 〉資格喪失後の傷病手当金の支給

組合員の資格を喪失した日の前日まで引き続き1年以上組合員（任意継続組合員を除きます）であった者が退職した際に傷病手当金の支給を受けている場合には、退職後病気等で勤務できない期間についても傷病手当金が支給されます（国共済法66条5項）。支給期間は1年6月（結核性の病気については3年）から組合員である間にすでに支給を受けた期間を控除した残りの期間となります。障害手当金や障害共済年金、障害基礎年金を受けている場合には、在職中と同様に傷病手当金の額が調整されます（国共済法66条6項、7項）。さらに資格喪失後の傷病手当金については、老齢厚生年金や老齢基礎年金等老齢・退職を給付事由とした年金給付を受けている場合には、年金額を日額換算した額の範囲で傷病手当金が支給されません（国共済法66条8項、国共済法施行令11条の3の9）。

退職した日に、すでに勤務できなくなって3日を経過しているものの、給与が支給されているために傷病手当金の支給が行われていない場合にも、

「退職した際に傷病手当金の支給を受けている場合」に該当するものとして取り扱われます。この場合の支給の始期は、資格を喪失した日とされています（運用方針）。

2 出産手当金

出産手当金は、組合員（任意継続組合員を除きます）が在職中の出産のため働くことができない場合に支給されます（国共済法67条）。

出産手当金の支給額（日額）は、直近の継続した12月間の各月の標準報酬月額の平均額の22分の1に相当する金額（10円未満四捨五入）の3分の2に相当する額（1円未満四捨五入）であり、出産の日以前42日（多胎妊娠の場合は98日）間及び出産の日後56日間のうちで勤務できない期間支給されます（同条1項）が、傷病手当金と同様、勤務できない日の分として給与が支給される場合には日額換算した給与相当分を控除して出産手当金が支給されます(国共済法69条）。

支給期間の途中で出勤した期間があっても、傷病手当金と異なり支給期間の延長はありません。

なお、傷病手当金と同様、直近の継続した12月間の各月の標準報酬月額がとれない場合の上記下線部分の金額を算出する特例があります（国共済法67条2項）。

産前の分の出産手当金は出産予定日を基準にして支給が開始されるので、実際の出産日が遅れた場合には予定日から実際の出産日までの期間は、産前に含まれ、すでに出産のため休職している場合には、その分産前の支給日数が延びることになります。一方、出産予定日よりも実際の出産が早くなった場合は、実際の出産日を基準にして産前、産後をとらえることになります。

また、妊娠4か月以上の異常分娩や母体保護法に基づく妊娠4か月以上の胎児の人工妊娠中絶をした場合も「出産」に含むものとされており、これにより勤務できない場合には出産手当金が支給されます（運用方針）。

土曜日及び日曜日は勤務を要しない日であるので、支給期間内であっても出産手当金は支給されません。

同一の期間について傷病手当金と出産手当金が支給されるときは、出産手当金の支給を優先し、傷病手当金は支給が調整されます（国共済法66条6項、13項）。

特例 **資格喪失後の出産手当金の支給**

組合員の資格を喪失した日の前日まで引き続き1年以上組合員（任意継続組合員を除きます）であった者が、退職した際出産手当金の支給を受けている場合には、退職後出産によって勤務できない期間について出産手当金が支給されます（国共済法67条3項）。

支給期間は、出産の日以前42日（多胎妊娠の場合は98日）間及び出産の日後56日間のうち組合員である間にすでに支給を受けた期間を控除した残りの期間となります。退職した日に給与が支給されているために出産手当金の支給が行われていない場合でも、出産手当金の受給権は日々発生しているので、退職後残日数についての支給は受けられます。

なお、実際の出産日が資格喪失日以降となった場合でも、出産手当金は出産予定日以前42日に至った日に受給権が発生するので、出産日が出産予定日より遅くなったとしても受給開始日がずれることはなく、出産予定日の42日前の日が資格喪失日の前日以前であれば、出産日に関係なく資格喪失後も出産手当金の継続給付を受けることができます。

3 休業手当金

休業手当金は、被扶養者の病気や負傷などにより組合員（任意継続組合員を除きます）が欠勤しなければならないような事情になったときに支給される給付です。支給事由によって次のように支給期間が定められています（国共済法68条）が、組合員の傷病又は出産は給付事由に該当しません

（運用方針）。休業手当金は共済制度独自の給付であり、健康保険には相当する給付はありません。

ア　被扶養者の病気や負傷による欠勤　欠勤期間

イ　配偶者の出産による欠勤　14日以内の欠勤期間

ウ　組合員の公務外の不慮の災害、被扶養者の不慮の災害による欠勤　5日以内の欠勤期間

エ　組合員の婚姻、配偶者の死亡、二親等内の血族や一親等の姻族で主として組合員の収入により生計を維持する者の婚姻や葬祭、その他の被扶養者の婚姻や葬祭　7日以内の欠勤期間

オ　共済組合の運営規則で定める事由による欠勤　運営規則で定める期間内の欠勤期間（運営規則では通信教育のスクーリングなどが定められています）

休業手当金の支給額（日額）は、標準報酬日額の50％に相当する額とされています。

他の休業給付と同様、勤務できない日の分として給与が支給される場合には日額換算した給与相当分を控除して休業手当金が支給されます（国共済法69条）。

同一の期間について休業手当金と傷病手当金又は出産手当金が支給されるときは、傷病手当金又出産手当金の支給を優先し、休業手当金は支給されません（国共済法68条ただし書）。

土曜日及び日曜日は勤務を要しない日であるので、支給期間内であっても休業手当金は支給されません。

4　育児休業手当金

育児休業手当金は、組合員（任意継続組合員を除きます）が国家公務員の育児休業等に関する法律などにより育児休業をした場合に、子が1歳（保育所への入所の申込みをしているものの1歳に達する日後も当面入所でき

ない状況にある場合、1歳に達した日後養育を予定していた配偶者が死亡したり離婚したりした場合、産前産後の場合等財務省令で定める理由（国共済法施行規則111条の2第2項、5項）によって1歳に達した日後も育児休業が必要と認められる場合には1歳6か月。更に、6か月（2歳まで）延長可）に達する日の前日までの育児休業期間について支給されます（国共済法68条の2）。

なお、1日につき2時間を超えない範囲内で取得できる育児時間やフレックスタイム、始業・終業時間の繰上げ・繰下げは、育児休業手当金の支給対象とはなっていません。

育児休業は、妻だけでなく夫にも認められており、共働きの夫婦各々が育児休業を取得し、一定の条件を満たした場合（①配偶者が当該子の1歳に達する日以前に育児休業を取得している場合で、②自身の育児休業開始日が、先に配偶者が取得している育児休業期間の初日以後である場合）には、後から育児休業を取得した者の育児休業取得可能期間は、「パパ・ママ育休プラス」の制度によって、子が1歳2か月に達する日の前日までに延長されますので、育児休業手当金の支給可能期間も1歳2か月に達する日の前日までに延長されます。ただ、育児休業手当金の支給期間は支給可能期間内の1年間（上記カッコ書の延長支給に該当する場合は2年間）が限度となっており、この場合の1年間又は2年間のカウントには女子組合員については、出産に関する特別休暇（産後休業）期間が含まれることになっています（特別休暇期間については、育児休業手当金は支給対象外）。なお、上記カッコ書の延長支給の適用に関しては、パパ・ママ育休プラス制度の休業終了予定日の翌日以降の期間が延長事由に該当するか否かで判断される取扱いとなっています（同条2項、国共済法施行令11条の3の10）。

民間では雇用保険法に同様の制度が設けられており、非公務員型の独立行政法人職員及び共済組合職員や連合会役職員及び郵政会社等の役職員で雇用保険が適用になる組合員については、二重給付となることを避けるため国共済法の育児休業手当金は支給しないこととされています（国共済法68条の2第4項、126条2項、附則20条の2第4項）。

育児休業手当金の支給額（日額）は、標準報酬日額の50％（育児休業をした期間が180日に達するまでの期間については、67％）に相当する額です（国共済法68条の2第1項)が、30歳以上45歳未満の者に適用される雇用保険法の基本手当日額の算定に用いる賃金日額の上限金額（毎年8月に見直され、直近は15,430円）に30を乗じた額の50％（育児休業をした期間が180日に達するまでの期間については、67％）相当額を22で除した額（10,520円（支給率67％の場合は、14,097円））が支給日額の上限とされています（同条3項）。

勤務できない日の分として給与が支給される場合には日額換算した給与相当分を控除して育児休業手当金が支給されます（国共済法69条）。

土曜日及び日曜日は勤務を要しない日であるので、支給期間内であっても育児休業手当金は支給されません。

＜育児休業手当金の支給イメージ（例）＞

（夫婦が共に育児休業を取得（妻が先行取得）する場合）

出産　妻育児休業開始　子1歳　1歳2か月

母親	産休期間	育児休業の期間		（育休終了）
	特別休暇（有給）	（育児休業手当金の支給可能期間）		支給対象外
		〈180日間〉支給率67%	〈180日後〉支給率50%	

父親　「パパ・ママ育休プラス」の制度を利用	育児休業の期間		
	（育児休業手当金の支給可能期間）		支給対象外
	〈180日間〉支給率67%	〈180日後〉支給率50%	

▲夫育児休業開始

（注）妻が先行取得の場合、出産休暇（出産日以前 42 日間、出産後 56 日間）は特別休暇（有給）の対象となるため、育児休業の取得は出産休暇後となります。したがって、育児休業手当金の支給期間は、出産休暇後、子が 1 歳に達する日の前日までの間となり、実際の支給期間は 1 年より短くなります。

5 介護休業手当金

介護休業手当金は、組合員（任意継続組合員を除きます）が一般職の職員の勤務時間、休暇等に関する法律などにより介護休業をした場合に、介護を必要とする者の各々について介護を必要とする一の継続する状態ごとに、介護休業の日数を通算して 66 日を限度として支給されます(国共済法 68 条の 3、国共済法施行令 11 条の 3 の 11）。なお、時間を単位とする介護休業は介護休業手当金の支給対象とはなっていません。

民間では雇用保険法に同様の制度が設けられており、育児休業手当金と同様、非公務員型の独立行政法人職員及び共済組合職員や連合会役職員及び郵政会社等の役職員で雇用保険が適用になる組合員については、国共済法の介護休業手当金は支給しないこととされています（国共済法 68 条の 3 第 4 項、126 条 2 項、附則 20 条の 2 第 4 項）。

介護休業手当金の支給額（日額）は、標準報酬日額の 40%に相当する額です（国共済法 68 条の 3 第 1 項）が、育児休業手当金と同様、45 歳以上 60 歳未満の者に適用される雇用保険法の基本手当日額の算定に用いる賃金日額の上限金額（毎年 8 月に見直され、直近は 16,980 円）に 30 を乗じた額の 40%相当額を 22 で除した額（9,261 円）が上限とされています（同条 3 項）。なお、当分の間の暫定措置として、支給率 40%が 67%（上限 15,513 円）に引き上げられております（国共済法附則 11 条の 2）。

育児休業手当金と同様、勤務できない日の分として給与が支給される場合には日額換算した給与相当分を控除して介護休業手当金が支給されます

（国共済法69条）。土曜日及び日曜日は勤務を要しない日であるので、介護休業期間内であっても介護休業手当金は支給されません。

第３　災害給付

1 弔慰金・家族弔慰金

組合員が水震火災その他の非常災害により死亡した場合は、遺族に弔慰金が、また被扶養者が水震火災その他の非常災害により死亡した場合は、組合員に家族弔慰金が支給されます（国共済法70条）。この場合の遺族の範囲は、死亡した組合員によって生計を維持されていた配偶者、子、父母、孫又は祖父母で、遺族厚生年金を受給できる遺族の範囲と同じです（163頁参照）。

非常災害とは、水害、地震、火災などの災害（主として天災）をいうものとされていますが、その他の予測しがたい事故も含むものと解されています。この場合の予測しがたい事故かどうかは、次のような事情を勘案して判断されます（運用方針）。

ア　その事故による死亡の要素が、客観的にみて、社会通念上予測しがたい不慮の事故による死亡であると考えられること

イ　その事故による死亡が事故直後に起こったもので、医療効果が得られないような状態で死亡した場合であること

ウ　その事故による死亡が、原則として他動的原因に基づいて死亡したものであること

弔慰金の支給額は標準報酬月額に相当する額、家族弔慰金の支給額は、標準報酬月額の70％に相当する額とされています。

2 災害見舞金

組合員が水震火災その他の非常災害により、その住居又は家財に損害を受けたときは、災害見舞金が支給されます（国共済法71条）。

非常災害の定義は弔慰金と同様ですが盗難は含まれません。また、「住

居」とは、自宅、公務員宿舎、公営住宅、借家、借間等の別は問わず現に組合員が生活の本拠として居住する建造物をいい、「家財」とは、住居以外の社会生活上必要な一切の財産をいうものとされていますが、山林、田畑、宅地、貸家等の不動産や現金、預貯金、有価証券等は含まないものとされています（運用方針）。

損害の程度は、住居又は家財を換価して判定することになりますが、単身赴任などで組合員と被扶養者が別居している場合には、両方の住居及び家財を合計して損害の程度が判断されます（同）。

災害見舞金の支給額は、損害の程度に応じて標準報酬月額の0.5月分から3月分に相当する額とされています（国共済法別表1）。住居と家財に損害が生じている場合は、住居、家財のそれぞれについて別個に損害の程度を認定して災害見舞金の額を計算することになりますが、合わせて標準報酬月額の3月分が上限となります（運用方針）。

なお、浸水により平家屋が損害を受けた場合には特例が設けられており、損害の程度の認定が困難な場合に限り、次の外形的標準により取り扱うこととされています（同）。

ア　床上 30センチ以上　標準報酬月額の0.5月分

イ　床上120センチ以上　標準報酬月額相当額

豪雨によるがけ崩れ等のために立ち退き命令を受け住居の移転を要する場合には、災害による損害とみなして、住居移転に必要な経費は住居等の損害に加算して損害の程度を算定して差し支えないこととされています（同）。

同一世帯に組合員が2人以上いるときは、災害見舞金は、それぞれの組合員について支給されます（同）。

第４　任意継続組合員制度

1 任意継続組合員の資格取得

退職の日の前日まで引き続き１年以上組合員であった者（退職時に後期高齢者医療の被保険者等に該当する者は除かれます）は、退職の日から起算して20日以内に、退職の際に所属していた共済組合に申し出ることによって、退職後も引き続き短期給付（傷病手当金、出産手当金、休業手当金、育児休業手当金及び介護休業手当金を除きます）を受け、及び福祉事業を利用することができます（国共済法126条の5）。この申出をした者を「任意継続組合員」といいます。

なお、傷病手当金及び出産手当金については、組合員の資格喪失後の継続給付は当然受給できます。

2 任意継続掛金の払込み

任意継続組合員は、その資格を取得した日の属する月から資格を喪失した日の属する月の前月までの各月について任意継続掛金を納付しなければなりません（国共済法施行令51条）。掛金は前払いが原則で、その月の分を前月末日までに納付しなければなりませんが、任意継続組合員となった月の掛金は退職の日から20日以内に払い込むことになっています（国共済法施行令52条）。

任意継続組合員の資格を取得した月に再び組合員の資格を取得したときは任意継続掛金の払込みは要しないこととされています（運用方針）が、それ以外の場合（健康保険の被保険者等となった場合）には、一般のルールに従い１月分の掛金は払い込む必要があります。

なお、任意継続掛金は、年度分（12か月分）を一括して又は９月までの前期分（６か月分）と10月以降翌年３月までの後期分（６か月分）の２回に分けて、それぞれ前納することができます。年度の途中で資格を取得した場合又は喪失することが明らかである場合に限り12か月又は6か月未満の端月数を前納することができますが、2か月以上の期間がある場合に限られます。

前納する場合は前納の期間に応じて次表のように利息相当分が割引されます（国共済法施行令53条～55条、運用方針）。

任意継続掛金額に乗じる率（乗じた結果の1円未満四捨五入）

前納期間	率
1月	0.996737
2月	1.990221
3月	2.980464
4月	3.967476
5月	4.951267
6月	5.931847
7月	6.909228
8月	7.883420
9月	8.854433
10月	9.822277
11月	10.786964
12月	11.748502

3　任意継続掛金額

任意継続組合員の掛金は、標準報酬月額に任意継続掛金率を乗じて計算されます（国共済法施行令51条3項）。

このうち標準報酬月額は、次のア又はイのうちのいずれか低い額とされますが(同令49条の2第1項）、令和4年1月1日以後に組合員の資格を喪失した者であってアの額がイの額を超える任意継続組合員については、アの額の範囲内において組合の定款で定める額とすることができます（同条2項）。

ア　退職時の標準報酬月額

イ　その任意継続組合員の属する共済組合の前年（1月から3月までの標準報酬月額にあっては、前々年）の9月30日現在における短期給付の適用を受ける全ての組合員の標準報酬月額の平均額（その平均額の範囲内において組合の定款で定めた額があるときは、その額）を報酬月額とみなしたときの標準報酬月額

また掛金率は、現職組合員の短期給付と福祉事業に係る掛金率と負担金率を合わせた率（介護保険の第2号被保険者の資格を有する者については、さらに介護納付金に係る掛金率と負担金率を合わせた率を加えた率）で各共済組合の定款で定められます（国共済法126条の5第2項）。

4 任意継続組合員の資格喪失

任意継続組合員は、次のアからカのいずれかに該当すると、その翌日（エ又はカに該当したときは、その日）に資格を失います（国共済法126条の5第5項）。

ア　任意継続組合員となって2年が経過したとき

イ　死亡したとき

ウ　任意継続掛金を払込期日までに払い込まなかったとき

エ　再び国共済や地方共済の組合員又は健康保険の被保険者となったとき

オ　任意継続組合員でなくなることを申し出て、その申出のあった月の末日が到来したとき

カ　後期高齢者医療制度の被保険者等となったとき

任意継続組合員の資格喪失時に未経過の任意継続掛金がある場合には、未経過分は当然に還付されることになりますが、2か月以上の未経過分がある場合には、前頁の前納の割引率によって計算した額が返還されます。

第3節　その他の医療制度

第1　前期高齢者に係る医療保険者による財政調整

1 制度のしくみ

「高齢者の医療の確保に関する法律」により、平成20年4月から、65歳以降75歳未満の前期高齢者を対象とした財政調整システムである「前期高齢者に係る保険者間の費用負担の調整」の制度が創設され（同法32条）、従来の退職者医療制度は廃止されました。

新たな調整システムは、従来の退職者医療制度に比べ、より幅広い調整を行うもので、各保険者の75歳未満の加入者に対する前期高齢者の割合を全国平均と比較し、その乖離に着目して前期高齢者交付金を受取り、又は前期高齢者納付金を納付するしくみとなっています。

令和5年度予算での前期高齢者数は約1,540万人で、そのおよそ71％が国民健康保険に加入しており、各保険者の前期高齢者の割合は、全国平均に対し、国民健康保険はそれよりも高く、一方、被用者保険である協会けんぽ、組合管掌健康保険、共済はともに全国平均を下回っている状況です。このため、全国平均を上回る国民健康保険は調整金(交付金）を受給し、全国平均を下回る被用者保険は調整金（納付金）を納付するという関係になっています。

2 費用の負担構造

調整金の具体的な計算式は次頁のとおりで、これによって全国平均との差を調整するというものです。なお、財政調整事務は、社会保険診療報酬支払基金が行いますが、従来の退職者医療制度と同様、2年後精算の概算払いのしくみとなっています。

調整金＝Ａ×Ｂ－Ａ（プラスの場合は実質拠出、マイナスの場合は実質受取り）

Ａ：各保険者の前期高齢者医療給付費＋前期高齢者に係る後期高齢者支援金

Ｂ：全国平均の前期高齢者加入率／各保険者の前期高齢者加入率

上記の計算式による保険者が納付する納付金の額が過大なものとならないよう、給付費が著しく高い部分を調整対象から除外する措置、前期高齢者加入率が著しく低い保険者でも加入率の下限を1.0％とする措置及び負担が著しく過大となる部分について全保険者で負担を再配分する調整措置が設けられています（令和５年度における高齢者の医療の確保に関する法律による前期高齢者交付金及び前期高齢者納付金の額の算定に係る率及び割合を定める政令（令和５年政令115号））。

令和５年度予算の財政調整前後で比較すると、国民健康保険5.1兆円、協会けんぽ1.2兆円、健保組合0.3兆円、共済0.05兆円（合計6.7兆円）の前期高齢者医療給付費について、上記計算式等により調整の結果、協会けんぽ1.3兆円、健保組合1.2兆円、共済0.4兆円の納付金を拠出することによって、調整後では国民健康保険2.1兆円、協会けんぽ2.5兆円、健保組合1.6兆円、共済0.4兆円に負担が調整されることになります。

第２　後期高齢者医療制度

1　制度のしくみ

急速な高齢化の進展に伴い、今後も増大していくことが見込まれる高齢者の医療費に対応するため、従来の老人保健制度を発展的に承継し、75歳以上の者等を対象とした、独立した医療保険制度である後期高齢者医療制度が平成20年４月に施行されました（高齢者の医療の確保に関する法律）。

新しい後期高齢者医療制度は、医療給付費の財源について、これまでの老人保健制度の負担構造と異なり、高齢者本人の保険料1割、各医療保険制度からの加入者数に応じた支援金約4割、国等の負担約5割（国、都道府県、市区町村がそれぞれ4:1:1の割合で負担）とし、高齢者から広く薄く保険料を徴収するとともに、加入者数に応じた現役世代からの支援を仰ぐことによって、現役世代と高齢者双方の保険料と費用負担の関係を明確にすることとしたものです。また、都道府県ごとにすべての市区町村が加入する広域連合が運営主体となり、保険料の決定と給付の両方を行うことにより、財政責任の明確化、広域化による財政運営の安定化を図ることとしています。

後期高齢者医療制度の被保険者は、広域連合の区域内に住所を有する75歳以上の者及び65歳以上75歳未満で寝たきり等一定の障害の状態にある者で広域連合の認定を受けた者です。

従来の老人保健制度と異なり医療保険との二重適用ではないため、後期高齢者医療制度の被保険者は共済組合の短期給付の適用上は組合員及び被扶養者から外れることになっています。したがって、組合員が75歳以上となり後期高齢者医療制度の被保険者となると、その家族は75歳未満であっても被扶養者となることはできず、75歳に達するまでの間は別途国民健康保険に加入しなければならなくなります。

2 費用の負担構造

① 患者の窓口負担

所得の額に応じて、1〜3割の負担とされています。この負担割合は、世帯の被保険者の合計所得で判断されます。

受診の際には、自己負担割合が記載された「後期高齢者医療被保険者証」又はオンライン資格確認機能を持たせたマイナンバーカードを病院等の窓口に提示しなければなりません。

② 保険料

後期高齢者医療の保険料は、所得割（応能保険料額）と被保険者均等割（応益保険料額）から構成され、広域連合ごとに決定される料率（所得割）及び定額金額（被保険者均等割）により個人単位で賦課されます（年間上限負担額80万円—高齢者の医療の確保に関する法律施行令18条1項6号—）。低所得世帯に属する被保険者については、均等割を世帯の所得に応じて7割減、5割減又は2割減とする軽減措置等があります。また、被用者保険の被扶養者でこれまで保険料を負担してこなかった者については、当分の間、被保険者均等割のみを課し、これを5割減とする激変緩和措置が設けられています。

保険料率は、各広域連合における2年間の医療給付費等の見込額から、国庫負担金、現役世代からの支援金、広域連合間の被保険者に係る所得格差による不均衡を調整するための普通調整交付金等の収入の見込額を控除した額を基に算定されています。

保険料は、年金からの天引き（年金制度の実施機関（国共済の場合は連合会）が年金の支払いをする際に、2か月分の保険料を支払年金額から控除して各広域連合に納付する（特別徴収））か申請による口座振替の方法による支払（普通徴収）かを選択できます。

③ 公費負担

現役並み所得者を除く被保険者の療養の給付に要する費用の額から自己負担額を控除した費用について、国が12分の4、都道府県が12分の1、市区町村が12分の1をそれぞれ負担しています。現役並み所得者について公費負担がない結果、実質的な公費負担割合は約47％となっています。

④ 現役世代からの支援金

後期高齢者支援金（医療費の約4割）は、現役世代の保険料を財源とするもので、各保険者の「高齢者の医療の確保に関する法律」に基づく特定健康診査及び特定保健指導の実施状況（国共済の場合、国共済法第98条第1項第1号の2の福祉事業として実施されています）及びその成果に係る目標の達成状況に応じて10％の範囲で支援金額が加減されるしくみが導入されています。実施は平成25年度概算額の精算時である平成27年度からとなりますが、当面は、加算・減算の対象保険者を絞り込んだ形で制度が実施されています（前期高齢者交付金及び後期高齢者医療の国庫負担金の算定等に関する政令(平成19年政令325号）25条の2、25条の3）。なお、現役世代からの支援金額は各被用者保険の保険者間の財政能力の不均衡を調整するための措置として、各保険者の総報酬比（保険料の収入能力）で支援額を拠出することとされています。

従来の老人保健制度と同様、2年後精算の概算払いとなっています。

⑤　後期高齢者と現役世代の負担比率の見直し

後期高齢者医療制度では、世代間の負担の公平を維持する観点から、人口構造に占める後期高齢者と現役世代の比率の変化に応じて、それぞれの負担割合を変えていくしくみとなっています。

制度発足時（平成20年度）の後期高齢者の負担割合は1割で、現役世代の負担割合は、約4割でしたが、今後、後期高齢者人口は増加すると見込まれる一方、若年人口(現役世代)は減少が見込まれており、高齢者の負担割合と現役世代の負担割合を固定し変えない場合には、現役世代の負担額が、高齢者より大きな割合で増加していくことになってしまいます。このため、「若年人口の減少」による現役世代の負担の増加分を後期高齢者と現役世代とで半分ずつ負担するとの考えのもとに、後期高齢者の負担割合（1割）については、若年人口減少率の1／2に相当する割合分だけ引き上げ、その分、後期高齢者支援金の負担割合（約4割）を引き下げることになっています。

この後期高齢者の負担割合は、2年ごとに見直すこととされており（高齢者の医療の確保に関する法律100条）、令和6年度及び令和7年度の負担割合は1.267割（12.67％）と定められています（前期高齢者交付金及び後期高齢者医療の国庫負担金の算定等に関する政令（平成19年政令325号）11条の2）。

第３　介護保険制度（介護保険法）

1 制度のしくみ

介護保険制度は、加齢にともなって生じる心身の変化に起因する疾病等により要介護状態となり、入浴、排せつ、食事等の介護、機能訓練並びに看護及び療養上の管理その他の医療を要する者等について、これらの者がその有する能力に応じ自立した日常生活を営むことができるよう、必要な保健医療サービス及び福祉サービスに係る給付を行うため設けられた制度です。

介護保険の対象者（被保険者）は、65歳以上の「第１号被保険者」と40歳以上65歳未満の医療保険加入者である「第２号被保険者」に区分されています。

介護サービスには、訪問系サービス（訪問介護、訪問看護、訪問入浴介護、居宅介護支援等）、通所系サービス（通所介護（デイサービス）、通所リハビリテーション等）、短期滞在系サービス（短期入所生活介護（ショート）等）、居住系サービス（特定施設入居者生活介護（有料老人ホームへの入所）、認知症共同生活介護（グループホームへの入所）等）や入所系サービス（特別養護老人ホーム、介護老人保健施設等への入所）があります。

高齢者や要介護者を対象とした老人ホーム、介護施設や高齢者住宅は種類が多く、そのサービス内容や目的、費用、入居条件などの施設によってさまざまです。公的な施設としては、特別養護老人ホーム、介護老人保健施設、介護療養型医療施設及び介護医療院が介護保険施設としてあり、その他の施設としてはケアハウスや養護老人ホームがあります。また、民間が運営する施設としては、介護付有料老人ホーム、住宅型有料老人ホーム、健康型有料老人ホームがあり、その他の施設としては、サービス付き高齢者向け住宅やグループホームがあります。

介護保険のサービスが利用できるのは、第１号被保険者の場合は寝たきりや認知症などにより日常生活で常時介護を必要とする「要介護状態」にある者と、常時の介護までは必要としないものの家事や身支度など日常生活の支援を必要とする「要支援状態」にある者であり、第２号被保険者の場合は初老期の認知、脳血管疾患など加齢に伴う疾病により介護が必要となった者です。いずれも市区町村に申請し、要介護又は要支援の認定を受ける必要があります。要支援は介護度の低い軽度者の自立を促す予防通所介護（デイサービス）や予防訪問介護（ホームヘルパー）といった「予防給付」を行うもので、「要支援１」及び「要支援２」の２段階に区分され、また要介護は、日常の生活に支障をきたしている中重度者に、その程度に応じて在宅サービスや施設サービスといった「介護給付」を行うもので、「要介護１」から「要介護５」までの５段階に区分されており、それぞれの区分によって介護保険からの給付限度額が決まっています。

介護保険制度を利用してサービスを受ける場合には、原則として利用料の１割（一定所得以上の者については２割（特に所得の高い者は３割で月額44,400円の上限あり））を自己負担（施設サービスを利用する場合には、食事に要した費用及び居住等に要した費用については別途自己負担）することとされています。

また、1割（又は2割等）の自己負担が高額となる者に対しては、医療保険の高額療養費に相当する「高額介護サービス費」及び「高額介護予防サービス費」の制度が設けられており、医療保険との間の合算制度もあります。

2　費用の負担構造

介護保険サービスに必要な費用は、8分の2を国が、また、都道府県と市区町村がそれぞれ８分の１ずつを負担し、残りの８分の４を第１号被保険者と第２号被保険者の人口比で按分され、それぞれ23：27の割合（第９期・令和６年度～令和８年度）で賄うこととされています（介護保険の国庫負担金の算定等に関する政令（平成10年政令413号）５条）。介護保険制度は地域保険であり、各市区町村が保険者として制度を実施しているため、第１号被保険者が納める介護保険料は市区町村により異なっています。具体的な額は、３年ごとに「介護保険事業計画」を策定し、それぞれの地域における３年間の保険給付費の見込みに基づき定められます。

なお、第１号被保険者と第２号被保険者では保険料の支払方法に相違があります。第１号被保険者の場合には各市区町村が直接徴収しますが、年金を受給している第１号被保険者の場合には、基礎年金、厚生年金、年金一元化前に受給権が生じた旧共済年金の順に、年金制度の実施機関（国共済の場合は連合会）が年金の支払いをする際に、２か月分の介護保険料を支払年金額から控除して各市区町村に納付しています(特別徴収）。また、第２号被保険者の場合には各医療保険制度が医療保険の保険料と一体的に報酬割で徴収（労使折半）し、「介護納付金」として社会保険診療報酬支払基金に集められた後、支払基金から各市区町村に支払われています。

■第3章　国家公務員の年金制度

公的年金制度の体系

わが国の公的年金制度は、国民年金と厚生年金保険の 2 つに区分されています。

国民年金（基礎年金制度）は、自営業者のほか、民間の会社員、公務員、私立学校教職員やこれらの者の被扶養配偶者も加入する全国民共通の制度です。また、厚生年金保険は、民間の会社員、公務員、私立学校教職員などの被用者が加入する制度となっています。したがって、厚生年金保険制度の加入者は、あわせて基礎年金制度にも加入し、同時に 2 つの年金制度の適用を受けています。

わが国の公的年金制度は、従来次のように国民年金、厚生年金保険、共済年金の 3 つに区分され、さらに共済年金は国家公務員共済年金、地方公務員等共済年金、私立学校教職員共済年金に分かれていました。このうち国民年金を除く 4 制度を「被用者年金制度」と呼んでいました。

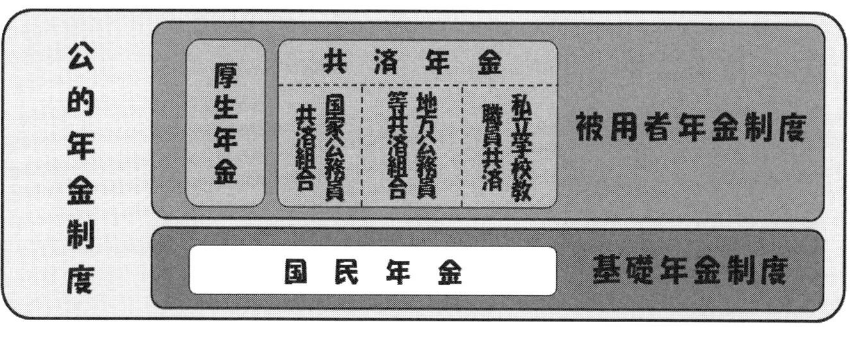

平成27年10月1日に「年金一元化法」が施行されました。

この年金一元化法は、被用者年金制度の一元化によって、今後の少子・高齢化の一層の進展等に備え、年金財政の範囲を拡大して制度の安定性を高めるとともに、民間の会社員、公務員及び私立学校教職員を通じて、保険料負担や年金給付の差異を解消し、年金制度全体の公平性を確保することにより、公的年金に対する国民の信頼を高めることを目的とするもので、共済年金制度を厚生年金保険制度に統一するものです。

厚生年金と共済年金は、制度発足等の経緯もあり、保険料率や年金水準に差異を持ったまま別々に運営されてきましたが、こうした差異を解消し、民間の会社員や公務員等を通じ、同じ給与水準であれば同じ水準の保険料を負担し、同じ水準の年金給付を受けるという年金制度の公平性を確保するため、被用者年金制度の一元化を行うこととされ、平成27年10月1日から公務員や私立学校教職員も厚生年金に加入することとなりました。

被用者年金一元化後の公的年金制度は、次のように再編成されています。

年金一元化法施行後の公的年金制度

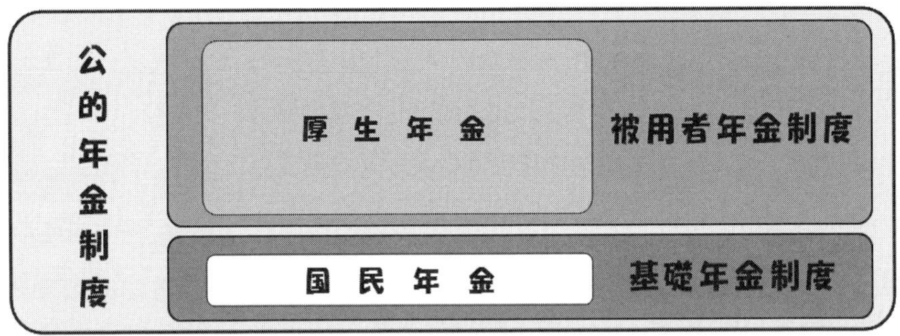

国家公務員年金のあらまし（3階建て構造）

国家公務員の年金について、次の図の実線で囲まれている部分が「公的年金」で、年金一元化法施行前は退職給付でいえば、老齢基礎年金（1階部分）＋退職共済年金（２階部分）＋退職共済年金の職域加算額（３階部分）という３階建て構造になっていましたが、年金一元化法施行後は老齢基礎年金（１階部分）＋老齢厚生年金（２階部分）の２階建て構造となり、従来の職域加算額は廃止され、公的年金とは別に、公務員制度の一環としての退職等年金給付制度（退職金の一部を年金で支払う制度）が新たな制度として設計されることとなりました。

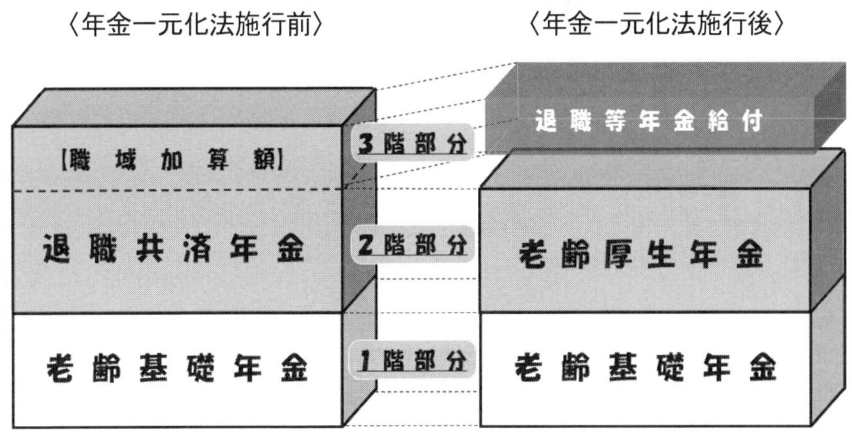

年金一元化法施行前の３階部分は、公的年金として支給される退職共済年金の一部でした

年金一元化法施行後の３階部分は、公的年金とは別の制度として支給されます

【経過的な取扱い】

なお、新しい退職等年金給付制度は、年金一元化法が施行された平成27年10月以後の組合員期間が年金額の算定基礎となりますので、同年９月までの組合員期間を有している者については、経過措置として、従前どおりの職域加算額（経過的職域加算額）が同月までの組合員期間及び標準報酬月額等を基礎として連合会から支給されることとなります。支給開始年齢や支給乗率も基本的には従来と変わりはありません。

また、すでに年金一元化法施行前に退職共済年金の受給権を取得している者（既裁定年金受給権者）については、施行後も、２階部分（報酬比例部分）と３階部分（職域加算額）がセットになった退職共済年金が引き続き連合会から支給されます。ただ、この者が平成27年10月以後に65歳になる場合には、65歳に達した時点でこれまで支給されていた特別支給の退職共済年金の受給権が消滅し、この退職共済年金の基礎となった組合員期間（厚生年金の被保険者期間とみなされます）を基礎とした老齢厚生年金と先に述べた経過的職域加算額（旧３階部分）を連合会から受給することとなります。既裁定の障害共済年金及び遺族共済年金も引き続き支給されますが、受給途中でこれらの年金が失権し厚生年金に変わるケースは、複数の障害を併合する場合等一部を除いてないものと思います。

国民年金（基礎年金制度）の基本事項

すでに述べたように、国民年金（基礎年金制度）は、自営業者のほか、民間の会社員、公務員、私立学校教職員やこれらの被扶養配偶者も加入する全国民共通の制度です。したがって、厚生年金保険制度の加入者は、あわせて基礎年金制度にも加入し、同時に２つの年金制度の適用を受けています。以下、国民年金の被保険者の種別と費用負担の構造について整理してみます。給付の内容については、第５節を参照してください。

■　国民年金の被保険者の種別

国民年金は、日本国内に住所を有する20歳以上60歳未満の者を被保険者とする年金制度ですが、昭和61年３月以前は、被用者年金の加入者とその配偶者は適用対象から除かれていました。

しかし、昭和61年４月の基礎年金制度の導入によって、国民年金の加入者（被保険者）の範囲が拡大し、被用者年金の加入者とその被扶養配偶者で20歳以上60歳未満の者も国民年金の被保険者とされることになりました（国民年金法７条１項）。現在、国民年金の被保険者は次の(1)から(3)のように区分されています。

なお、日本国内に住所があっても、日本国と海外の相手国間の社会保障協定の規定によって相手国法令の適用を受け、相手国の年金制度への加入が認められている者（本人及び配偶者）については、国民年金法第7条第1項の規定にかかわらず、国民年金の被保険者としないこととされています（社会保障協定の実施に伴う厚生年金保険法等の特例等に関する法律（平成19年法律104号）7条1項）。しかしこれらの者であっても、一定の国民年金の加入期間がある等の要件に該当する者については、任意加入によって国民年金の被保険者となることは認められています（同法8条等）。

(1)　第1号被保険者

日本国内に住所を有する20歳以上60歳未満の者のうち次の第2号被保険者及び第3号被保険者のいずれにも該当しないものが国民年金の第1号被保険者とされています。ただし、厚生年金や年金一元化法施行前の被用者年金で老齢又は退職を支給事由とする年金の受給権者は除かれます。国籍要件はありません。

具体的には、自営業者やその配偶者、農業者やその配偶者、20歳以上の学生等ということになります。国民年金の第2号被保険者及び第3号被保険者のいずれにも該当しなくとも日本国内に住所がなければ、日本国籍があっても国民年金の被保険者とされません。このため、国民年金の第1号被保険者とされない次のアからオまでに列挙する者で国民年金の第2号被保険者又は第3号被保険者に該当しない者については、任意加入の制度によって国民年金の第1号被保険者となる途が開かれています（国民年金法附則5条等）。

任意加入被保険者

ア　20歳以上60歳未満の日本国内に住所を有する者で、厚生年金や年金一元化法施行前の被用者年金で老齢又は退職を支給事由とする年金の

受給権者（60 歳未満の年金受給権者ですので、現在は、ほとんど存在しないと思われます）

イ　60 歳以上 65 歳未満の日本国内に住所を有する者

強制加入期間に加入漏れがあり、老齢基礎年金の受給資格を満たせていない者や受給資格はあっても年金額が満額に達しない者が加入できます。ただし、当分の間、老齢基礎年金や老齢厚生年金の繰上げ支給を選択した者については、任意加入の申出はできないこととされています（国民年金法附則 9 条の 2 の 3）。

ウ　日本国籍を有している 20 歳以上 65 歳未満の者で、日本国内に住所を有しないもの

エ　昭和 30 年 4 月 1 日以前に生まれた者で、老齢基礎年金の受給権がない 65 歳以上 70 歳未満の者（日本国内に住所を有するか日本国籍を有する者で、加入できるのは受給権発生まで。次のオも同様）（国民年金法等の一部改正法（平成 6 年法律 95 号）附則 11 条）

オ　昭和 30 年 4 月 2 日から昭和 40 年 4 月 1 日までの間に生まれた者で、老齢基礎年金の受給権がない 65 歳以上 70 歳未満の者（国民年金法等の一部改正法（平成 16 年法律 104 号）附則 23 条）

国民年金の第 1 号被保険者となったときは、所定の期間内に、必要事項を記載した届書を、住所地の市区町村の国民年金窓口に、添付書類を添えて提出することとされています（国民年金法施行規則 1 条の 2 第 1 項・3 項）。

⑵　第２号被保険者

厚生年金の被保険者で、国家公務員や地方公務員、私立学校教職員も国民年金の第 2 号被保険者に該当します（国民年金と厚生年金に二重加入）。この第 2 号被保険者については、日本国内に住所があるかどうか、及び 20 歳以上 60 歳未満であるかどうかは要件とされていません。したがって、

外国で勤務している者、20歳未満の者及び60歳以上の者であっても、厚生年金の被保険者であれば国民年金の第２号被保険者とされます。ただし、65歳以上の者については、経過措置によって、老齢又は退職を支給事由とする年金の受給権がないものに限られています（国民年金法附則3条）。

国民年金の第２号被保険者の場合は、民間の会社員については、厚生年金保険制度の中で資格の得喪等の必要な手続が行われることとされており、また国家公務員、地方公務員又は私立学校教職員については、国民年金制度が被保険者の資格等の管理を行わないことになっている（国民年金法附則７条の5）ことから、国民年金の被保険者資格に関する届出を行う必要はありません（国民年金法附則７条の4）。

⑶　第３号被保険者

国民年金の第２号被保険者の配偶者で、主として第２号被保険者の収入により生計を維持している者（被扶養配偶者）のうち20歳以上60歳未満のもの（自身が国民年金の第２号被保険者である場合は当然除かれます）は、国民年金の第３号被保険者に該当します。国民年金の第２号被保険者と同様日本国内に住所があるかどうかは要件とされていません。

なお、⑵で述べたように厚生年金の被保険者で老齢又は退職を支給事由とする年金の受給権がある65歳以上のものは国民年金の第２号被保険者となれないので、その配偶者は60歳未満で扶養関係があっても国民年金の第１号被保険者となります。

被扶養配偶者に該当するかどうか、すなわち生計維持関係にあるかどうかの基準は、健康保険法等医療保険制度における被扶養者の認定の取扱いを勘案して定めることとされています（国民年金法施行令４条）が、現在は医療保険各制度の被扶養者の範囲に一致しており、具体的には、国家公務員のケースでは、配偶者の年間の収入が恒常的に130万円(所得の全部又は一部が障害を支給事由とする公的な年金給付によるものであるときは 180 万円）未満の場合に被扶養配偶者に該当することとされています。

国民年金の第３号被保険者となったときは、所定の期間内に、必要事項を記載した届書を、民間の会社員の配偶者であるときは事業主を経由して、その他の場合は短期給付の保険者(国共済組合、地方共済組合若しくは日本私立学校振興・共済事業団又はこれらから委託を受けた健康保険組合）を経由して、添付書類を添えて、厚生労働大臣（日本年金機構）に届出することとされています（国民年金法 12 条第 5〜9 項、国民年金法施行規則１条の２第２項・３項）。

国民年金の第３号被保険者の届出が遅れた場合、届出のあった日の属する月の前々月から２年を超える期間については、将来受け取る国民年金の算定基礎期間から除外することとされていますが、平成 17 年４月以降の未届期間については、やむを得ない事情があると認められるときは、２年より前の未届期間も保険料納付済期間（126 頁参照）と認められることになっています（国民年金法附則７条の 3）。なお、平成 17 年３月以前の未届期間については事情の如何にかかわらず届出さえすれば無条件に保険料納付済期間に算入されます（国民年金法等の一部改正法（平成 16 年法律 104 号）附則 21 条）。

また、収入が増えたことなどにより国民年金の第３号被保険者に該当しなくなったときは、前述の事業主等を経由して届出をしなければならないこととされています。

■ 基礎年金保険料の負担構造

基礎年金の給付に要する費用は、国庫が２分の１を負担し、残りを国民年金の第１号被保険者の保険料と厚生年金からの拠出金により賄うこととされています。このため、国民年金の第１号被保険者は寡婦年金や死亡一時金などの国民年金の独自給付分を含め月額16,980円（令和6年度）の保険料を負担しています（国民年金法87条）。

一方、国民年金の第2号被保険者及び第3号被保険者は個々に保険料を納付することは要しないこととされており（国民年金法94条の6）、かわりに次の「厚生年金保険制度の基本事項」で述べる「実施機関」が毎月徴収する厚生年金給付に係る保険料の中から、その所属する国民年金の第2号被保険者及び第3号被保険者の保険料に相当する分を「基礎年金拠出金」として人数割りで一括して国民年金（基礎年金勘定）に納付しています。

厚生年金保険制度の基本事項

■　給付の種類

厚年法の給付には、被保険者及び被保険者であった者の老齢、障害及び死亡を支給事由とする次の年金及び一時金給付があり、このうち老齢厚生年金で65歳以上の者が受給するもの、障害等級が1級又は2級の障害厚生年金並びに有子の父母及び子が受給する遺族厚生年金は、それぞれ国民年金の老齢基礎年金、障害基礎年金及び遺族基礎年金とあわせて受給することができます。なおこのほか、年金一元化法施行前に受給権が発生した旧制度の年金及び経過的な一時金給付があります。

①　老齢厚生年金

②　障害厚生年金

③　障害手当金

④　遺族厚生年金

⑤　脱退一時金

■　被保険者の種別

年金一元化法施行後の厚年法の規定によって、国家公務員、地方公務員、私立学校教職員もすべて厚生年金の被保険者となりますが、被保険者の種別が次のように区分されています（厚年法2条の5第1項）。

被保険者の種別	対象者の範囲
第1号厚生年金被保険者	下記以外の被保険者（民間の会社員など、もともとの厚生年金の被保険者）
第2号厚生年金被保険者	国共済の組合員である被保険者
第3号厚生年金被保険者	地方共済の組合員である被保険者
第4号厚生年金被保険者	私学共済の加入者である被保険者

ここでいう国共済の組合員とは、国共済の退職等年金給付（新3階部分）の適用を受ける組合員のことを指しますので、国共済法第72条第2項の規定によって、退職等年金給付制度の適用を受けない、いわゆる短期組合員（下記参照）の国会議員は、国民年金第1号被保険者ということになります（厚年法附則4条の2）。また、非常勤職員などで一定の要件を満たし年金一元化法施行前には厚年法が適用されて、厚生年金の被保険者とされていた者については、年金一元化法施行後も国共済の組合員となる要件を満たさなければ、第1号厚生年金被保険者となります。

なお、第2号厚生年金被保険者と第3号厚生年金被保険者は相互に期間通算することとされており、それぞれ後の種別（号）の厚生年金被保険者期間とみなされて前後の被保険者期間が通算されます。

特　例　**第2号厚生年金被保険者とならない短期組合員**

国共済の組合員のうち、はじめから長期の任用が予定しにくい次に掲げる組合員については、退職等年金給付制度を適用しないこととされています（国共済法72条2項）。したがって、第2号厚生年金被保険者からも除かれることとされています。

① 任命について国会の両院の議決又は同意によることを必要とする職員。ただし、人事官、検査官、公正取引委員会の委員長及び委員、国立国会図書館の館長は除かれます（国共済法施行令12条1項1号）。

② 国会法（昭和22年法律79号）第39条の規定によって国会議員がその職を兼ねることを禁止されていない職にある職員。ただし、国務大臣、内閣官房副長官、内閣総理大臣補佐官、副大臣（副長官）、大臣政務官（長官政務官）、特派大使、政府代表、全権委員、政府代表又は全権委員の代理、特派大使、政府代表又は全権委員の顧問及び随員のうち、国会議員でない者をもって充てられたものは除かれます（国共済法施行令12条1項2号）。

③ 常時勤務に服することを要しない職員で常勤職員について定められている勤務時間により勤務することを要することとされているもの（常勤職員について定められている勤務時間以上勤務した日（法令の規定により、勤務を要しないこととされ、又は休暇を与えられた日を含みます）が引き続いて12月を超えるに至った者で、その超えるに至った日以後引き続き当該勤務時間により勤務することを要することとされているものを除きます）、1週間の所定勤務時間及び1月間の勤務日数が常勤職員に定められているものの4分の3以上である者又は次のいずれにも該当する者（国共済法施行令12条2項）。

（ア） 1週間の所定勤務時間が20時間以上であること

（イ） 標準報酬の月額の資格取得時決定時と同様の方法により算定した報酬月額が88,000円以上であること

（ウ） 学校教育法で定める高等学校の生徒、大学の学生等でないこと

④ 常勤職員であっても次の(ア)又は(イ)に該当する者（国共済法施行令12条3項）。

（ア） 国家公務員法第60条第1項の規定により臨時的に任用された者

（イ） 国家公務員の育児休業等に関する法律第7条第1項又は国家公務員の配偶者同行休業に関する法律第7条第1項の規定により臨時的に任用された者

■ 実施機関

年金の裁定や支払いなどについては厚年法が適用されることとなりますが、被保険者（加入者）の資格の得喪、標準報酬月額の決定や改定、標準賞与額の決定、被保険者期間（加入期間）の管理、保険料徴収、年金の裁定・改定、年金支払い、積立金の管理・運用などは、年金一元化後も従来どおり厚生年金被保険者の種別ごとに「実施機関」が行うこととされています。「第２号厚生年金被保険者」に関しては国家公務員共済組合及び連合会が実施機関とされており、これらの業務を引き続き実施します。その他の実施機関は次のように決められています。

第１号厚生年金被保険者……厚生労働大臣
第３号厚生年金被保険者……地方公務員共済組合、全国市町村職員共済組合連合会及び地方公務員共済組合連合会
第４号厚生年金被保険者……日本私立学校振興・共済事業団

重要ポイント

仮に、国家公務員が定年退職後に民間会社に再就職したような場合には、第２号厚生年金被保険者期間と第１号厚生年金被保険者期間を有することとなりますが、老齢厚生年金は各号の厚生年金被保険者期間ごとに、前者の期間分は連合会が裁定及び支払いを、また後者の期間分は厚生労働大臣が裁定及び支払いを、それぞれ行うこととなります（後者については、厚生労働大臣から事務の委託を受けた日本年金機構が実際には行います）。

経過措置　平成 27 年 9 月以前の組合員であった期間の取扱い

平成 27 年 10 月 1 日（年金一元化法の施行日）前に国共済の組合員であった者については、国共済の組合員であった期間を第２号厚生年金被保険者期間とみなして老齢厚生年金を受給することを原則としています。ただし、年金一元化法の施行日の前日において退職共済年金の受給権を有している場合には、その退職共済年金の算定の基礎となっている期間は、老齢厚生

年金の額の計算の基礎とはしないことになっています（年金一元化法附則11条）。したがって、年金一元化法の施行日に65歳未満で、すでに特別支給の退職共済年金を受給している者については、65歳に達するまでの間は従来どおりの退職共済年金を受給することになりますが、特別支給の退職共済年金は65歳に達すると失権するため、65歳以後は、新たに退職共済年金の算定の基礎となっていた期間を基礎とした老齢厚生年金を受給することとなります（次の例1の①のケースでは65歳以後、Aの老齢厚生年金（2号老厚年）とB＋Cの老齢厚生年金（1号老厚年）を受給。また例2の①のケースでは65歳以後、A＋B＋Cの老齢厚生年金（2号老厚年）を受給）。

平成27年9月以前の国共済の組合員であった期間は次のようにして、それぞれ第2号厚生年金被保険者期間とみなされることになっています。

【平成27年10月以後の年金受給のパターン】

〈例1〉　　退職・再就職　　平成27.10.1　　64歳・離職

国共済組合員期間（A）	厚年被保険者期間（B）	第1号厚年被保険者期間（民間）（C）

①　平成27年10月1日にAの期間を基礎に退職共済年金の受給権が発生している場合

Aの期間はみなし第2号厚生年金被保険者期間となりますが、老齢厚生年金の算定基礎とはならず、離職後Aの退職共済年金を連合会から、B＋Cの老齢厚生年金（1号老厚年）を日本年金機構から受給します

②　平成27年10月1日にAの期間を基礎に退職共済年金の受給権が発生していない場合

Aの期間はみなし第2号厚生年金被保険者期間となりますので、老齢厚生年金の算定基礎となり、離職後Aの老齢厚生年金（2号老厚年）を連合会から、B＋Cの老齢厚生年金（1号老厚年）を日本

年金機構から受給します

〈例２〉 退職・再任用（フルタイム） 平成 27.10.1 64 歳・再退

国共済組合員期間（A）	国共済組合員期間（B）	第２号厚年被保険者期間（公務員）（C）

① 平成 27 年 10 月 1 日にAの期間を基礎に退職共済年金の受給権が発生している場合

再退職時にBの期間は退職改定によりAの期間と合算され、A＋Bの退職共済年金を受給

A＋Bの期間はみなし第２号厚生年金被保険者期間となりますが、老齢厚生年金の算定基礎とはならず、再退職後A＋Bの退職共済年金とCの老齢厚生年金（２号老厚年）を連合会から受給します

② 平成 27 年 10 月 1 日にA、Bの期間を基礎に退職共済年金の受給権が発生していない場合

A、Bの期間はみなし第２号厚生年金被保険者期間となりますので、老齢厚生年金の算定基礎となり、再退職後A＋B＋Cの老齢厚生年金（２号老厚年）を連合会から受給します

■ 被保険者の資格の得喪

厚生年金における被保険者の資格の得喪は、前述の被保険者の種別ごとに適用することとされています。したがって、国家公務員となった日に第２号厚生年金被保険者の資格を取得し、次のアからウまでのいずれかに該当したときに第２号厚生年金被保険者の資格を喪失します。

ア 死亡したとき（死亡日の翌日に資格喪失）

イ 退職したとき（退職日の翌日に資格喪失。ただし、退職日に第１号厚生年金被保険者、第３号厚生年金被保険者又は第４号厚生年金被保険者の資格を取得したときは、退職日に資格喪失）

ウ　70 歳に達したとき（70 歳に達した日（誕生日の前日）に資格喪失）

■ 被保険者期間の計算

被保険者期間は、被保険者の資格を取得した日の属する月から資格を喪失した日の属する月の前月までの期間の月数となります。

被保険者の種別が複数あるときはそれぞれの種別ごとに被保険者期間が計算されます。

例えば、第２号厚生年金被保険者である公務員が 11 月 15 日に退職し、翌日に第１号厚生年金被保険者となった場合には、被保険者資格の得喪のところで述べたように第２号厚生年金被保険者の資格は 11 月 16 日に喪失しますので、第２号厚生年金被保険者期間としては資格喪失の前月である 10 月までということになります。一方、11 月 16 日に第１号厚生年金被保険者の資格を取得することとなりますので、11 月は第１号厚生年金被保険者期間として計算されます。退職又は死亡日が月の末日の場合は、その翌日が資格喪失日となりますので、退職又は死亡した月も算入されます。

また、同一の月内に被保険者の資格取得と喪失があるときは、被保険者期間は１月として計算することとされていますが、その月にさらに別の種別の厚生年金被保険者となったときや国民年金の被保険者となったときには、後の方の被保険者の加入期間としてカウントされます。保険料の二重徴収を防ぐ趣旨です。

厚生年金被保険者の資格を喪失した後、更に同一の種別の厚生年金被保険者の資格を取得した場合には、前後の被保険者期間は合算されます。

この他、第２号厚生年金被保険者期間と第３号厚生年金被保険者期間は相互に通算されます。すなわち、第３号厚生年金被保険者又は被保険者であった者が第２号厚生年金被保険者の資格を取得したときは、第３号厚生年金被保険者であった間第２号厚生年金被保険者であったものとみなすこととされていますので、すべて第２号厚生年金被保険者であったものとして被保険者期間が計算されます。逆に第２号厚生年金被保険者又は被保険者であった者が第３号厚生年金被保険者となったときは第２号厚生年金被保険者であった間第３号厚生年金被保険者であったものとみなされることになっていますので、この間はもともと第２号厚生年金被保険者でなかったと同様に取り扱われます。

特　例　**昭和 61 年 3 月以前の第２号厚生年金被保険者期間の計算の特例**

昭和 61 年 3 月以前の国共済法では組合員の資格を取得した日の属する月からその資格を喪失した日の前日の属する月までの期間の年月数により組合員期間を計算することとされていましたので、年金一元化法施行後昭和 61 年 3 月以前の第２号厚生年金被保険者期間を計算する場合には退職又は死亡した月も従前どおり被保険者期間に算入されることとなっています(昭和 60 年国共済法等改正法附則 7 条、年金一元化法附則 7 条 1 項）。したがって、ある月が第２号厚生年金被保険者期間と第 1 号厚生年金被保険者期間として重複評価され、老齢厚生年金の場合であれば、第 1 号老厚年、第２号老厚年それぞれの算定基礎とされることがあり得ます（保険料も二重に負担していました）が、老齢基礎年金の算定基礎となるのは第 1 号厚生年金被保険者期間が優先されます（昭和 60 年国民年金法等改正法附則 8 条 2 項、国民年金法等の一部を改正する法律の施行に伴う経過措置に関する政令（昭和 61 年 3 月 28 日政令 54 号）9 条）ので、第２号厚生年金被保険者期間は２号老厚年の経過的加算額（144 頁参照）の算定基礎期間として計算されることになります。

■　保険料納付済期間、保険料免除期間及び合算対象期間

老齢厚生年金を受給するには保険料納付済期間、保険料免除期間及び合算対象期間を合算した期間が 10 年以上あることが要件とされていますが、この場合、仮に第２号厚生年金被保険者期間が 5 年であっても次の(1)から(3)に掲げる第２号厚生年金被保険者期間を含む保険料納付済期間、保険料

免除期間及び合算対象期間を合算した期間が10年以上あれば老齢厚生年金は支給されることになります。簡単にいえば20歳から60歳までの40年間のうちに第2号厚生年金被保険者期間を含めて10年の公的年金への加入期間があれば老齢厚生年金の受給要件を満たすことになります。

⑴　**保険料納付済期間**（国民年金法5条1項、昭和60年国民年金法等改正法附則8条4項）

ア　昭和61年4月以後の国民年金の第1号被保険者期間で保険料を納付した期間（任意加入期間、保険料を追納した免除期間や産前産後の保険料免除期間も含まれます）

イ　昭和61年4月以後の国民年金の第2号被保険者期間（厚生年金の被保険者期間（年金一元化法施行前の共済年金の加入期間も含まれます）のうち20歳以上60歳未満の期間（20歳未満の期間及び60歳以後の期間は⑶の合算対象期間となります）

ウ　昭和61年4月以後の国民年金の第3号被保険者期間（第2号被保険者の被扶養配偶者であった期間で20歳以上60歳未満の期間）

【保険料納付済期間とみなされる期間】

以上のほか、昭和61年3月以前の次の期間は保険料納付済期間とみなされます（昭和60年国民年金法等改正法附則8条1項、2項）。

ア　国民年金の被保険者期間で保険料を納付した期間

イ　厚生年金や旧船員保険の被保険者期間、共済年金の加入期間で、それぞれ昭和36年4月以後の20歳以上60歳未満の期間

⑵　**保険料免除期間**（国民年金法5条2項）

ア　昭和61年4月以後の国民年金法第89条（法定免除）又は第90条（申請免除）の規定により保険料が免除された期間

イ　平成3年4月から平成12年3月までの学生等の保険料の特例免除期間

ウ　平成14年4月以後の国民年金法第90条の2（申請免除）の規定により保険料の一部（4分の1、半額、4分の3）が免除された期間

エ　平成12年4月以後の国民年金法第90条の3（学生納付特例制度）の規定により保険料が猶予された期間

オ　平成17年4月以後の平成16年国民年金法等改正法（平成16年法律104号）附則第19条（30歳未満者納付猶予制度）の規定により保険料が猶予された期間

カ　平成28年7月以後の平成26年国民年金法等改正法（平成26年法律64号）附則14条（30歳以上者納付猶予制度）の規定により保険料が猶予された期間

上記エからカまでの期間は広い意味での保険料免除期間ですが、年金額計算上はいわゆるカラ期間（資格期間）として整理されています（国民年金法26条、27条、附則9条、平成16年国民年金法等改正法附則19条4項、平成26年国民年金法等改正法附則14条3項）。

なお、免除や猶予された保険料は、10年以内であれば追納が可能ですので、追納のあった期間は保険料納付済期間となります。

【保険料免除期間とみなされる期間】

以上のほか、昭和61年3月以前の国民年金の被保険者期間で保険料が免除された期間は、保険料免除期間とみなされます（昭和60年国民年金法等改正法附則8条1項）。

(3) 合算対象期間（国民年金法附則9条）（**「カラ期間」**）

ア　昭和61年4月から平成3年3月までの生徒又は学生で国民年金の任意加入が可能とされた20歳以上60歳未満の期間(任意加入したかどうかは無関係。以下も同様)

イ　厚年法及び年金一元化法施行前の共済年金各法に基づく老齢(退職)年金給付を受けることができる者で国民年金の任意加入が可能とされ

た昭和61年4月以後の20歳以上60歳未満の期間

ウ　海外に在住していた日本国籍を有する者で国民年金の任意加入が可能とされた昭和61年4月以後の20歳以上60歳未満の期間

これら合算対象期間は、年金の受給資格を発生させるためにのみ用いられ、年金額計算上は反映されません。

【合算対象期間に算入される期間】

以上のほか、昭和61年4月以後の第2号被保険者期間で20歳未満の期間及び60歳以後の期間並びに昭和61年3月以前の次の期間は、合算対象期間に算入されます（昭和60年国民年金法等改正法附則8条4項、5項）。

ア　厚年法及び年金一元化法施行前の共済年金各法の加入者の配偶者で国民年金の任意加入が可能とされた昭和36年4月以後の20歳以上60歳未満の期間

イ　厚年法及び年金一元化法施行前の共済年金各法に基づく老齢（退職）年金受給者とその配偶者、障害年金受給者とその配偶者及び遺族年金受給者で、国民年金の任意加入が可能とされた昭和36年4月以後の20歳以上60歳未満の期間

ウ　生徒又は学生で国民年金の任意加入が可能とされた昭和36年4月以後の20歳以上60歳未満の期間

エ　改正前の国民年金法第10条第1項の規定に基づき、60歳になるまでに被保険者期間が25年にならないために任意脱退の申出をして承認され、国民年金の被保険者とされなかった期間

オ　昭和36年4月以後に厚年法及び年金一元化法施行前の共済年金各法の加入期間がある者の同年3月以前の厚生年金・船員保険の被保険者期間

カ　昭和36年4月まで引き続いている同年3月以前の年金一元化法施行前の共済年金各法の加入期間

キ　昭和36年4月以後の厚年法及び年金一元化法施行前の共済年金各法の加入期間で20歳未満の期間及び60歳以後の期間

ク　昭和61年4月から65歳に達するまでに国民年金の加入期間がある者の厚生年金・船員保険から脱退手当金を受けた期間で昭和36年4月以後の期間

ケ　通算年金の原資を凍結しないで受給した年金一元化法施行前の共済年金各法の退職一時金の基礎となった昭和36年3月以後の期間

コ　国会議員であった期間で昭和36年4月から昭和55年3月までの60歳未満の期間

サ　海外に在住していた日本国籍を有する者で国民年金の任意加入が可能とされた昭和36年4月以後の20歳以上60歳未満の期間

シ　日本に帰化した者、永住許可を受けた外国籍を有する者等の在日期間で国民年金の被保険者とならなかった昭和36年4月から昭和56年12月までの20歳以上60歳未満の期間

ス　日本に帰化した者、永住許可を受けた外国籍を有する者等の海外在住期間で昭和36年4月から帰化又は永住許可が認められた前月までの20歳以上60歳未満の期間

■　平均標準報酬月額と平均標準報酬額

平均標準報酬月額は、年金額の計算の基礎となる平成15年3月までの被保険者期間に係る各月の標準報酬月額に再評価率を乗じた額の総額を被保険者期間の月数で割ったものであり、平均標準報酬額は、年金額の計算の基礎となる平成15年4月以後の被保険者期間に係る各月の標準報酬月額に再評価率を乗じた額と同月以後の標準賞与額に再評価率を乗じた額の総額を被保険者期間の月数で割ったもので、平成15年3月以前の被保険者期間と同年4月以後の被保険者期間がある者の場合、「平均標準報酬月額」に基づき計算する平成15年3月以前の期間分の年金額と「平均標準報酬額」

に基づき計算する同年４月以後の期間分の年金額を別々に算出し、その合算額をその者の年金額としています。ただ、連合会が支給する厚年法の給付を計算する場合のこれら「年金額の計算の基礎となる被保険者期間」とは、第２号厚生年金被保険者期間のみを指すこととなりますので、平均標準報酬月額及び平均標準報酬額も第２号厚生年金被保険者であった期間に係わるもののみで算出されることとなります。

上記の再評価とは、過去の標準報酬月額をその後の現役世代の手取り賃金（可処分所得）や物価の伸び率を参酌して見直すもので、現在、生年月日ごとに標準報酬月額がどの期間区分に属するかに応じて率が定められています。

マクロ経済スライドによる再評価率の見直し

年金財政を支えている現役世代からの保険料の収入総額は、現役世代の人口減少に大きく左右され、また、平均余命の延びは、支出である年金給付費の増加につながります。

現在、高齢化と少子化が急速に進み、受給世代に対する現役世代の割合が低下しています。そこで、将来の保険料率を固定し、その保険料収入の範囲内で年金財政が安定する見通しが立つまでの間（「スライド調整期間」と呼んでいます）、こうした少子高齢化の進行状況を年金額に反映させて、給付水準と社会全体の負担能力とのバランスがとれるように調整をするしくみとして「マクロ経済スライド」と呼ばれる再評価率の見直し方式が採用されています。

具体的には、再評価率は、67歳以下は名目手取り賃金変動率を、また68歳以降は物価変動率を反映することとされておりますが、スライド調整期間内における再評価率の見直しは、これに公的年金の加入者総数の減少及び平均的な年金受給期間の延びによる財政への影響を勘案した調整率（賃金変動率又は物価変動率にマイナス要因として働くことになります）をそれぞれ乗じて行うこととされています。なお、現在のしくみでは、調整率を乗じた結果が１を下回るような場合には１が限度とされ、また名目手取り賃金変動率や物価変動率がマイナスの状況下等では、調整率は適用しないか限定的に適用することとされています。この結果、スライド調整期間内は名目手取り賃金変動率や物価変動率が調整率（過去の未調整分を含む。）を超えて上昇した場合に初めて年金額が増額改定されるということになります。

再評価率への反映パターンは、名目手取り賃金変動率が物価変動率を上回っているかどうかにより次の６通りに区分されます。

再評価率に用いられる指標反映パターン

	条　　件	～６７歳	６８歳～	
①	賃金＞物価≧１	賃金	物価	令和５年度
②	物価＞賃金≧１	賃金	賃金	令和６年度
③	賃金≧１、１≧物価	賃金	物価	
④	物価＞１、１＞賃金	賃金	賃金	
⑤	１≧賃金＞物価	賃金	物価	
⑥	１≧物価＞賃金	賃金	賃金	令和３・４年度

特　例　養育期間がある者の平均標準報酬額の算定の特例（養育特例）

育児を行うために勤務時間の短縮等をした者が年金給付の面で不利益とならないようにするための措置として、3歳未満の子を養育（休業していなくても構いません）するか又は養育していた被保険者又は被保険者であった者からの申出により、子が３歳に達するまで又は育児休業若しくは産前産後休業を開始するまでの養育期間内の標準報酬月額が子の養育を開始した月の前月(基準月）の標準報酬月額（従前標準報酬月額）を下回っている月がある場合には、子を養育する前の標準報酬月額で年金額が計算できるよう、支払った保険料に関係なく従前標準報酬月額をその下回っている月の標準報酬月額とみなして平均標準報酬額を計算する特例が設けられています(厚年法26条）。

このみなし措置は、被保険者又は被保険者であった者からの申出が前提となりますが、申出が遅れた場合には、申出からさかのぼって2年を経過するまでの期間に限り「みなし措置」が認められることになっています。

なお、3歳未満の第1子の育児期間中に第2子を妊娠して産前産後休業を取得した場合には、第1子に係る従前標準報酬月額をそのまま第2子に係る従前標準報酬月額とする特例があります（同条3項）。

夫婦とも被保険者である場合は、該当すれば2人とも申出をすることができます。

経過措置　**平成27年9月以前の標準報酬月額等の取扱い**

平成27年9月以前の各月の年金一元化法施行前の国共済法による標準報酬月額は、そのまま第2号厚生年金被保険者期間の各月の厚年法による標準報酬月額とみなされます（年金一元化法附則8条1項）。また同様に、同月以前の期末手当等を受けた月における国共済法による標準期末手当等の額も、そのまま第2号厚生年金被保険者期間の賞与を受けた月における厚年法による標準賞与額とみなすこととされています（年金一元化法附則8条2項）ので、被用者年金一元化によって、改めて標準報酬月額及び標準賞与額を決定し直すことはありません。

■　年金である給付の裁定と時効

年金である給付を受ける権利は、その受ける権利を有する者の請求に基づいて実施機関である連合会が裁定します（厚年法33条）。

受給権が発生した日の翌日から起算して5年間請求がないときは、原則として、時効により権利は消滅します（厚年法92条1項）。ただし、年金である給付がその全額について支給を停止されている間は、時効は進行しないこととされています（同条３項）。

一旦受給権（基本権）が確定すると、その後は、時効によって権利が消滅することはありません。

■ 年金の支給期間及び支給期月

年金である給付は、支給事由が生じた月の翌月分から支給が開始され、失権事由（受給権者の死亡等）が生じた月までの分が支給されます（厚年法36 条１項）。また、再就職や併給調整等により年金である給付の支給を停止する事由が生じたときは、その事由が生じた月の翌月分からその事由がなくなった月分までの年金が支払停止されます（同条２項）。

年金である給付は、通常２月、４月、６月、８月、10 月及び 12 月の年６回に分けて前々月と前月の２か月分が支払われます（同条３項）。年金の支払日（銀行口座等への入金日）は国民年金とあわせて定期支払月の 15 日とされており、15 日が土曜日、日曜日及び祝祭日に当たるときは、その直前の土曜日、日曜日及び祝祭日以外の日に支払われます。

各月分として支払われる年金の受給権（支分権）も消滅時効は５年とされており、仮に特段の理由によって基本権の時効を援用しないこととして５年を超えて基本権の請求が認められたとしても、支分権は年金の請求を受けたときから遡って５年にとどまることになりますので、原則として、それ以前の月分の年金は支払われません。

■ 給付を受ける権利の保護及び公課の禁止

給付を受ける権利は、一身専属の権利であって、これを譲り渡し、担保に供し、又は差し押さえることができないこととされています（厚年法41 条１項、附則 29 条９項）。ただし、老齢厚生年金又は短期在留外国人に対する脱退一時金を受ける権利を国税滞納処分及びこれに相当する処分により差し押さえる場合(同）並びに令和４年３月31 日以前から年金である給付を株式会社日本政策金融公庫又は沖縄振興開発金融公庫に担保に供している場合（いわゆる年金担保融資を受けている場合）は除かれます（年金制度の機能強化のための国民年金法等の一部を改正する法律（令和2年法律40号）附則36条）。

また、障害厚生年金及び遺族厚生年金（年金一元化法施行前の障害共済年金、遺族共済年金等障害・死亡を支給事由とする年金を含みます）は、租税その他の公課が禁止されています（厚年法41条2項等）。

《参考計数》

公的年金適用者数（令和3年度末）

1　国民年金

（単位：万人）

区　分	被保険者数	老齢基礎年金等受給者権数	保険料（令和6年4月現在）
第1号被保険者	1,431		月額16,980円
第2号被保険者	4,535	3,466	—
第3号被保険者	763		—
合　計	6,729		

2　厚生年金

（単位：万人）

区　分	被保険者数	老齢（退職）年金受給権者数	保険料率（令和6年4月現在）
第1号厚生年金（旧厚年）	4,065		
第2号厚生年金（国家公務員共済）	109		18.300%(9.150%)
第3号厚生年金（地方公務員共済）	304	1,905	
第4号厚生年金（私立学校教職員共済）	59		16.389%(8.1945%)
合　計	4,535		

（注1）保険料率は厚生年金の保険料で労使分を合わせたもの。カッコ内はその2分の1で加入者負担分。

（注2）私学共済（第4号厚生年金被保険者）の保険料率は、毎年0.354％ずつ、令和9年4月に0.052％引上げ、18.3％とされている。なお、年金一元化法附則による軽減措置が適用されている。

第1節　厚生年金保険給付の概要

第1　老齢厚生年金（65歳から受給する老齢厚生年金）

65歳から受給する老齢厚生年金の受給要件

連合会から受給する老齢厚生年金は、次のアからウまでの全ての要件に該当する場合に、原則65歳から、日本年金機構が支給する老齢基礎年金とともに受給します（厚年法42条、附則14条）。年金額は、①報酬比例部分、②加給年金額及び③経過的加算額という3つの要素で構成されています。

ア　65歳以上であること

イ　1月以上の第2号厚生年金被保険者期間があること

ウ　国民年金法第5条第1項に規定する保険料納付済期間、同条第2項に規定する保険料免除期間及び同法附則第9条第1項に規定する合算対象期間（いわゆる受給資格期間を満たすためのみに有効な期間で、「カラ期間」とも呼ばれています）を合算した期間（以下「保険料納付済期間等」といいます）が10年以上あること

なお、第2号厚生年金被保険者期間以外に他の種別の厚生年金被保険者期間を有している場合は、各号の厚生年金被保険者期間ごとに別々の老齢厚生年金として複数の実施機関から支給されます（厚年法78条の26、附則20条）。

65歳から受給する老齢厚生年金の年金額

65歳から受給する第2号厚生年金被保険者期間を基礎として計算される老齢厚生年金（2号老厚年）の年金額は、次の①**報酬比例部分**、②**加給年金額**及び③**経過的加算額**の合算額となります。

報酬比例部分、加給年金額及び経過的加算額は、それぞれ次の❶から❸までに示すような計算式及び内容となっています。

なお、平成12年の年金制度改正によって、年金の給付水準の適正化を図る観点から、報酬比例部分の給付乗率が5パーセント引き下げられましたが、この改正に伴って、改正後の計算式による報酬比例部分が改正前の計算式による額を下回る場合には、改正前の計算式による額を保障するという経過措置（従前額保障）が設けられています。

現在は、生年月日や被保険者期間の長短等によって本来の計算式による年金額が適用される者と従前額保障の計算式による年金額が適用される者が混在している状態ですが、以下の説明では、簡便を期するため、年金額計算の基本となる本来の計算式を前提として記述しています。障害厚生年金、遺族厚生年金及び障害手当金の額についても同様です。

本来の計算式

報酬比例部分　次の①＋②の額

①平均標準報酬月額（令和6年再評価後ベース）×新乗率（5%適正化後）×平成15年3月以前の第2号厚生年金被保険者期間月数

②平均標準報酬額（令和6年再評価後ベース）×新乗率×平成15年4月以後の第2号厚生年金被保険者期間月数

加給年金額

配偶者234,800円～408,100円（特別加算を含む）

第1子・第2子234,800円　第3子以降一人78,300円

経過的加算額

1,701円×乗率×第2号厚生年金被保険者期間月数－老齢基礎年金相当額

（注）234,800円、78,300円及び1,701円は、224,700円、74,900円及び1,628円にそれぞれ1.045（平成17年から令和5年までの累積物価等変動率）を乗じたもので、408,100円は、234,800円＋173,300円（165,800円×1.045）

昭和31年4月1日以前生まれは、1,701円が1,696円となる

従前額保障の計算式

報酬比例部分　次の①＋②の額×1.043（昭和13年4月2日以後に生まれた者は1.041）

①平均標準報酬月額（平成6年再評価後ベース）×旧乗率（5%適正化前）×平成15年3月以前の第2号厚生年金被保険者期間月数

②平均標準報酬額（平成6年再評価後ベース）×旧乗率×平成15年4月以後の第2号厚生年金被保険者期間月数

加給年金額　本来の計算式と同額

経過的加算額　本来の計算式と同額

（注）1.043は、平成6年から令和5年までの累積物価等変動率。

1.041は、平成26年のマクロ経済スライド▲0.2%が影響

❶ **報酬比例部分**（厚年法43条、平成12年国民年金法等改正法附則20条等）

次の①＋②の額

①平均標準報酬月額（令和6年再評価後ベース）×生年月日に応じ9.5/1000～7.125/1000×平成15年3月以前の第2号厚生年金被保険者期間月数

②平均標準報酬額（令和6年再評価後ベース）× 生年月日に応じ7.308/1000～5.481/1000×平成15年4月以後の第2号厚生年金被保険者期間月数

経過措置 昭和21年4月1日以前に生まれた者の給付乗率

昭和21年4月1日以前に生まれた者については、報酬比例部分の給付乗率に経過措置が設けられています。生年月日別の具体的な率は、次表のとおりですが、生年月日に応じて徐々に率が低減するようになっています（昭和60年国民年金等改正法附則59条1項、附則別表7、平成12年度、平成14年度及び平成15年度の国民年金制度及び厚生年金保険制度の改正に伴う経過措置に関する政令16条等）。

報酬比例部分の給付乗率（千分率）

生年月日	給付乗率		生年月日	給付乗率	
	15.3以前	15.4以後		15.3以前	15.4以後
～昭2.4.1	9.500	7.308	昭12.4.2～13.4.1	8.113	6.241
昭 2.4.2～ 3.4.1	9.367	7.205	昭13.4.2～14.4.1	7.990	6.146
昭 3.4.2～ 4.4.1	9.234	7.103	昭14.4.2～15.4.1	7.876	6.058
昭 4.4.2～ 5.4.1	9.101	7.001	昭15.4.2～16.4.1	7.771	5.978
昭 5.4.2～ 6.4.1	8.968	6.898	昭16.4.2～17.4.1	7.657	5.890
昭 6.4.2～ 7.4.1	8.845	6.804	昭17.4.2～18.4.1	7.543	5.802
昭 7.4.2～ 8.4.1	8.712	6.702	昭18.4.2～19.4.1	7.439	5.722
昭 8.4.2～ 9.4.1	8.588	6.606	昭19.4.2～20.4.1	7.334	5.642
昭 9.4.2～10.4.1	8.465	6.512	昭20.4.2～21.4.1	7.230	5.562
昭10.4.2～11.4.1	8.351	6.424	昭21.4.2～	7.125	5.481
昭11.4.2～12.4.1	8.227	6.328			

❷ 加給年金額

ア 加給年金額の加算要件

～加給年金の対象は生計維持関係にある配偶者と子～

加給年金額は、老齢厚生年金の受給権を取得した当時、その者によって生計を維持されている①65歳未満の配偶者（事実婚を含む）、②18歳に達する日以後の最初の3月31日までの間にある子（高校在学中の子の趣旨）又は③障害等級の1級か2級の障害の状態にある20歳未満の子がいる場合に加算されます(厚年法44条等)。したがって、老齢厚生年金の受給権取得後に婚姻や養子縁組をしたような場合は、配偶者や子がいたとしても加給年金額の対象とはなりません。

なお、後述の特別支給の老齢厚生年金に加給年金額が加算される①昭和24年4月1日以前に生まれた者及び②同年4月2日から昭和36年4月1日までの間に生まれた障害者及び長期加入者については、特別支給の老齢厚生年金に初めて加給年金額が加算された時点での生計維持関係によって65歳から支給される老齢厚生年金に加給年金額を加算するかどうかを判断することとされていますので、このような者については、特別支給の老齢厚生年金の加給年金額の加算の可否が判断される時点以後に婚姻や養子縁組をしても加給年金額の対象とはならないことになります。

～被保険者期間が240月（20年）以上あることが加算の条件～

加給年金額は厚生年金被保険者期間が240月以上ある場合に限り加算されることになっています（衛視等であった者等の特例あり）が、この場合の被保険者期間の月数計算は、複数の種別の厚生年金被保険者期間がある場合には、全ての厚生年金被保険者期間を合算して判断されます。その上で、いずれかの老齢厚生年金のみに加算されることとなりますが、その順序は、①受給権発生が最も早いもの、②受給権発生が同時である場合は最も厚生年金被保険者期間が長いもの、③受給権発生も厚生年金被保険者期間も同じときは１号老厚年→２号老厚年→３号老厚年→４号老厚年の順序で加算されます。

老齢厚生年金の受給権を取得した当時に全ての種別の厚生年金被保険者期間を合算しても240月に満たない場合には、再就職等によって被保険者期間が240月に達した時点の状態で生計維持の有無が判断され、その翌月以後、加給年金額が加算されることになります。

～生計維持の判断基準は通達に規定～

上記の生計維持の認定にあたっては、老齢厚生年金の受給権者と生計を共にしていた配偶者又は子のうち、前年の収入（一時的な収入は除きます）が年額850万円未満であるか前年の所得（一時的な所得は除きます）が年額655万5,000円未満である者又はこれらに該当しなくても、定年等の事情により近い将来（概ね5年以内に）収入が年額850万円未満となるか所得が年額655万5,000円未満となることが雇用契約等で客観的に明らかである場合は、老齢厚生年金の受給権者と生計維持関係にあるとして取り扱われています（厚年法施行令3条の5、平成23年3月23日厚生労働省年金局長通知別添「生計維持・生計同一関係等に係る認定基準及びその取扱いについて」）。

イ　加給年金額の金額

加給年金額は、加給対象者が配偶者か子か、あるいは子の人数に応じ、それぞれ次表の額を加算することとされています（厚年法44条2項、昭和60年国民年金法等改正法附則60条2項）。

■　配偶者についての加給年金額（令和6年度価格）

退職共済年金の受給権者の生年月日	加給年金額	特別加算額
昭和 9年4月1日以前	234,800円	—
昭和 9年4月2日～昭和15年4月1日	234,800円	34,700円
昭和15年4月2日～昭和16年4月1日	234,800円	69,300円
昭和16年4月2日～昭和17年4月1日	234,800円	104,000円
昭和17年4月2日～昭和18年4月1日	234,800円	138,600円
昭和18年4月2日以後	234,800円	173,300円

■　子についての加給年金額（令和6年度価格）

2人目まで1人につき	234,800円
3人目から1人につき	78,300円

ウ　加給年金額の支給停止

加給年金額は、その対象となる配偶者自身が、老齢厚生年金で被保険者期間が20年以上（2以上の種別の厚生年金被保険者期間があるときは、全ての被保険者期間を合算した期間が20年以上）のものの受給権を有しているときや障害厚生年金などを受けているときは、重複受給を避ける目的等で、その受けている間、支給が停止されます（厚年法46条6項、78条の29）。

例えば、夫婦共働きで、夫が18年加入の2号老厚年と12年加入の4号老厚年、妻が20年加入の1号老厚年を受給しているような場合には、夫婦両者の年金に加給年金額が加算されることとなりますが、夫婦どちらの加給年金額もその対象となる配偶者が「被保険者期間20年以上の老齢厚生年金の受給権を有している」という支給停止事由に該当することになるため、双方の加給年金額とも支給が停止されます。

さらに、老齢厚生年金の受給権者が、別途子の加算額が加算された障害基礎年金を受けているときも、老齢厚生年金に加算されている子の加給年金額に相当する部分の支給が停止されることとなっています（厚年法44条1項ただし書）。

エ　加給年金額の失権

加給年金額の支給対象となっている配偶者や子が次のいずれかに該当したときは、加給年金額は加算されなくなり、その該当した翌月から老齢厚生年金の額が改定されます（厚年法44条4項）。

なお、一旦加算されなくなると、再び加算が復活することはないので、離婚や離縁によって加給年金額が加算されなくなった後にあらためて同一人と婚姻や養子縁組をしたとしても、加給年金額は復活しません。

【配偶者・子共通の失権事由】

ア）死亡したとき

イ）老齢厚生年金の受給権者によって生計を維持されなくなったとき

【配偶者の失権事由】

ウ）配偶者が離婚又は婚姻の取消しをしたとき

エ）配偶者が65歳に達したとき

【子の失権事由】

オ）子が養子縁組によって受給権者の配偶者以外の者の養子となったとき

カ）養子縁組による子が離縁したとき

キ）子が婚姻をしたとき

ク）障害等級の１級又は２級の障害状態にある子以外の子について、18歳に達した日以後の最初の3月31日が終了したとき

ケ）障害等級の１級又は２級の障害状態にある子について、その事情がなくなったとき

コ）障害等級の１級又は２級の障害状態にある子が20歳に達したとき

上記エ）により配偶者が65歳に達すると加給年金額が加算されなくなるのは、65歳以後配偶者は自らの老齢基礎年金を国民年金から受給できることになるからであり、また、コ）により障害等級の１級又は２級の障害状態にある子が20歳に達すると加給年金額が加算されなくなるのは、20歳以後子は自らの障害基礎年金を国民年金から受給できることになるからです。

❸ 経過的加算額

65歳から老齢厚生年金を受給すると原則として老齢基礎年金が併給されますが、老齢基礎年金は昭和36年4月1日以後の20歳以上60歳未満の期間しか年金額算定の基礎期間として算入しないこととされており、昭和36年3月以前の第２号厚生年金被保険者期間や20歳未満及び60歳以後の第２号厚生年金被保険者期間を有している場合には、それらの期間は老齢基礎年金の年金額には反映されないこととなってしまいます。そこで、老齢厚生年金に「経過的加算額」の制度を設け、老齢基礎年金の年金額算定基礎期間とされない上記の期間に係る分を老齢厚生年金（２号老厚年）の一部（定額部分）として支給することとしています(昭和60年国民年金法等改正法附則59条2項)。

昭和61年3月以前の第２号厚生年金被保険者期間で同一月が二重カウントとなっていて老齢基礎年金の対象から外れた期間（退職月や復帰希望職員期

間）も経過的加算額の対象となります。具体的な経過的加算額は次の算式により計算されます。

経過的加算額の計算式

1,701円×乗率（生年月日に応じ1.875～1.000）×第２号厚生年金被保険者期間月数－816000円×$\frac{A}{B}$

昭和31年4月1日以前生まれ者は、1,701円が1,696円と、816,000円が813,700円となる。

A＝昭和36年4月以後の20歳以上60歳未満の老齢基礎年金額算定の基礎となる第２号厚生年金被保険者期間月数

B＝老齢基礎年金の加入可能月数（次表参照）

老齢基礎年金の加入可能月数

生年月日	加入可能月数	生年月日	加入可能月数
～昭2.4.1	300月(25年)	昭9.4.2～昭10.4.1	396月(33年)
昭2.4.2～昭3.4.1	312月(26年)	昭10.4.2～昭11.4.1	408月(34年)
昭3.4.2～昭4.4.1	324月(27年)	昭11.4.2～昭12.4.1	420月(35年)
昭3.4.2～昭5.4.1	336月(28年)	昭12.4.2～昭13.4.1	432月(36年)
昭5.4.2～昭6.4.1	348月(29年)	昭13.4.2～昭14.4.1	444月(37年)
昭6.4.2～昭7.4.1	360月(30年)	昭14.4.2～昭15.4.1	456月(38年)
昭7.4.2～昭8.4.1	372月(31年)	昭15.4.2～昭16.4.1	468月(39年)
昭8.4.2～昭9.4.1	384月(32年)	昭16.4.2～	480月(40年)

計算式後段の控除部分（網掛けの部分）は、老齢基礎年金の額のうちの第２号厚生年金被保険者期間相当額を控除しているもので、二重給付を避ける趣旨です（昭和60年国民年金法等改正法附則59条2項）。

経過措置 **昭和21年4月1日以前に生まれた者の被保険者期間月数の上限**

経過的加算額を計算する場合には、報酬比例部分と異なり定額単価に乗じる被保険者期間月数に上限が定められています（昭和60年国民年金法等改正法附則59条2項、平成16年国民年金法等改正法附則36条2項）が、昭和21年4月1日以前に生まれた者については、次表のように上限月数に特例が設けられています。なお、この上限は複数の種別の厚生年金被保険者期間があるときは、各号の厚生年金被保険者期間ごとに適用されることになっています。

なお、衛視等であった者などについては、第2号厚生年金被保険者期間が240月未満であっても240月分の定額があるものとして経過的加算額が計算される特例があります（年金一元化法附則35条1項・2項等）。

生　年　月　日	年　数
昭和 4年4月1日以前	420月（35年）
昭和 4年4月2日～昭和 9年4月1日	432月（36年）
昭和 9年4月2日～昭和19年4月1日	444月（37年）
昭和19年4月2日～昭和20年4月1日	456月（38年）
昭和20年4月2日～昭和21年4月1日	468月（39年）
昭和21年4月2日以後	480月（40年）

経過措置 **昭和21年4月1日以前生まれの者の定額単価**

昭和21年4月1日以前に生まれた者については、報酬比例部分の給付乗率と同様、定額単価にも経過措置が設けられています。内容は、生年月日に応じて単価に一定の率を乗じるもので、具体的な率は次表のとおりです（昭和60年国民年金法等改正法附則59条3項・4項、昭和61年国民年金法等改正法経過措置政令75条）。

定額単価に乗じる率と実際の単価（令和6年度価格）

生年月日	乗じる率	単価(円)	生年月日	乗じる率	単価(円)
～昭2.4.1	1.875	3,180	昭12.4.2～13.4.1	1.327	2,251
昭 2.4.2～ 3.4.1	1.817	3,082	昭13.4.2～14.4.1	1.286	2,181
昭 3.4.2～ 4.4.1	1.761	2,987	昭14.4.2～15.4.1	1.246	2,113
昭 4.4.2～ 5.4.1	1.707	2,895	昭15.4.2～16.4.1	1.208	2,049
昭 5.4.2～ 6.4.1	1.654	2,805	昭16.4.2～17.4.1	1.170	1,984
昭 6.4.2～ 7.4.1	1.603	2,719	昭17.4.2～18.4.1	1.134	1,923
昭 7.4.2～ 8.4.1	1.553	2,634	昭18.4.2～19.4.1	1.099	1,864
昭 8.4.2～ 9.4.1	1.505	2,552	昭19.4.2～20.4.1	1.065	1,806
昭 9.4.2～10.4.1	1.458	2,473	昭20.4.2～21.4.1	1.032	1,750
昭10.4.2～11.4.1	1.413	2,396	昭21.4.2～	1.000	1,696
昭11.4.2～12.4.1	1.369	2,322			

（注）「単価」欄の金額は、円未満の端数を四捨五入したもので表記しています。実際は端数がついたままで計算されます。

老齢厚生年金の繰上げ受給（昭和36年4月2日以後生まれの者が選択できます）

(1) 老齢厚生年金の繰上げ受給の請求（報酬比例部分等の繰上げ）

昭和36年4月2日以後に生まれた者（後述の特別支給の老齢厚生年金が支給されない者）で、被保険者期間が1年以上あり（第2号厚生年金被保険者期間が1年以上ある場合に限らず、全ての種別の厚生年金被保険者期間を合算して1年以上ある場合でも可）、保険料納付済期間等が10年以上ある者が60歳以後65歳に達する前に老齢厚生年金の繰上げ受給の請求を行うと、請求のあった翌月から繰り上げて老齢厚生年金を受給することができます（厚年法附則7条の3）。

なお、老齢基礎年金についても繰上げ受給の請求を行うことができるときは、請求は、老齢基礎年金と同時に行う必要があります（同条2項）。

2以上の種別の厚生年金被保険者期間を有する者については、1の被保険者期間に基づく老齢厚生年金の繰上げ受給の請求をする場合には、他の被保険者期間に基づく老齢厚生年金についても同時に繰上げ受給の請求をしなければなりません(厚年法附則18条）。

⑵ 繰上げ受給の請求をした場合の老齢厚生年金の額（減額）

繰上げ受給を選択した場合の老齢厚生年金の額は、繰り上げる月数1月につき報酬比例部分と経過的加算額をそれぞれ0.4パーセント減額した額となります（厚年法附則7条の3第4項、厚年法施行令6条の2）。

繰上げ受給の請求をすると、当然のことながら、65歳に達しても本来の老齢厚生年金は支給されず、65歳以後も引き続き減額された老齢厚生年金（報酬比例部分＋経過的加算額）を受給することとなります。

昭和36年4月1日以前に生まれた者については、65歳前から特別支給の老齢厚生年金を受給できますので65歳から受給する老齢厚生年金の単独での繰上げ請求はできませんが、特別支給の老齢厚生年金と一体のものとして捉えた繰上げ受給の請求が60歳以後可能です（157頁「特別支給の老齢厚生年金の繰上げ受給」参照）。

⑶ 繰上げ受給の請求をした場合の老齢基礎年金の額（減額）

老齢厚生年金の繰上げ受給を選択した場合の老齢基礎年金の額は、繰り上げる月数1月につき老齢基礎年金の額を0.4パーセント減額した額です。老齢厚生年金と同様、65歳になっても老齢基礎年金の額は減額されたまま変わりません（国民年金法附則9条の2第4項、国民年金法施行令12条1項）。

老齢厚生年金の繰下げ受給

⑴　老齢厚生年金の繰下げ受給の申出（報酬比例部分等の繰下げ）

老齢厚生年金の受給権者となった者が受給権発生後1年以内に老齢厚生年金の請求をしていない場合には、66歳以後75歳までの間で希望するときから受給開始時期の繰下げを申し出ることができます（厚年法44条の3）。ただし、次の①又は②に該当する場合は申出ができず、また1年経過後に①の併給調整対象年金の受給権を取得し、その後に申出をした場合には当該併給調整対象年金の受給権を取得した日に申出があったものとみなされます（同条）。

① 受給権発生時に老齢厚生年金と併給調整の対象となる障害厚生年金や遺族厚生年金など障害や死亡を支給事由とする年金（もともと併給される国民年金法による老齢基礎年金や障害基礎年金は除かれます）の受給権を取得している場合

② 老齢厚生年金の受給権発生後1年以内にこれらの年金の受給権を取得した場合

繰下げ受給の申出を希望する場合は、65歳から支給される老齢厚生年金の請求書を65歳時には提出をしないでおき、実際に老齢厚生年金の受給を希望する年月の到来を待って老齢厚生年金の請求を行う必要があります。老齢厚生年金の請求書を繰り下げて提出すると、その翌月から老齢厚生年金を受給することができます。

また、2以上の種別の厚生年金被保険者期間を有する者については、1の被保険者期間に基づく老齢厚生年金の繰下げ受給の申出をする場合には、他の被保険者期間に基づく老齢厚生年金についても同時に繰下げ受給の申出をしなければなりません（厚年法78条の28）。

本章第5節の基礎年金給付のところで述べるように、老齢基礎年金にも繰り下げて受給する制度がありますが、繰上げ受給の請求と異なり、老齢基礎年金と同時に繰下げ受給の申出を行う必要はありません（老齢厚生年金を70歳から繰下げ受給し、老齢基礎年金は65歳から受給する選択、あるいは逆に老齢厚生年金は65歳から受給し、老齢基礎年金のみ70歳から繰下げ受給する選択も可能です）。

(2) 繰下げ受給の申出をした場合の老齢厚生年金の額（増額）

繰下げ受給の申出があった場合には、申出をした時期（繰下げ期間の長さ）に応じて「繰下げ加算額」が加算されます（厚年法44条の3第4項）。

繰下げ加算額は、65歳時点の老齢厚生年金の額（経過的加算額は含まれますが、加給年金額は除かれます）に、65歳に達した月から申出を行った月の前月までの月数1月につき0．7％（最大84％）を乗じた額とされています。75歳を超えて申出があった場合でも84％が加算額の上限となります（厚年法施行令3条の5の2）が、75歳に達したときに申出があったものとみなされ、75歳以後申出があったときまでの間の年金が遡及して支払われます（厚年法44条の3第2項）。ただ、支分権の時効との関係で、80歳を過ぎてから繰下げ受給の申出をした場合には、遡って支給されるのは5年までとなり、5年を過ぎた分は受給できませんので注意が必要です。

なお、65歳以後申出までの間に第1号～第4号厚生年金被保険者として在職しているような場合は、年金額の満額が繰り下げられる訳ではなく、繰下げの申出をしないとしたならば申出までの間に受けられる在職中の支給額（在職中支給停止措置（172頁参照）によって支給される部分の額）のみが繰下げの対象となります（同条4項）ので、年金額に対する割増率は、上記の率より小さくなります。65歳以後も常勤の会社勤務を予定している場合は事前に連合会等に照会をしておくことをお勧めします。

また、65歳の受給権発生から5年経過後の70歳以降に裁定請求を行い、かつ、繰下げの申出を行わなかった者については、裁定請求の5年前に繰下げの申出を行ったものとみなされ、これにより65歳の年金額に65歳から繰下げ申出みなし日までの期間に係る繰下げ加算額の加算が行われます。

加給年金額は、加算額の算定対象にはなっておらず、加えて65歳以後、繰下げ受給の申出を行うまでの間は、加給年金額だけを受給することはできませんので、申出の際はこれらも考慮して慎重に検討をする必要があります。

第２　特別支給の老齢厚生年金（昭和36年4月1日以前生まれの者が受給できます）

特別支給の老齢厚生年金の受給要件

65歳から老齢基礎年金とともに支給される老齢厚生年金を受給するまでの間の経過的な措置として、老齢基礎年金を受けるのに必要な加入要件を満たし、かつ、被保険者期間が１年以上ある（第２号厚生年金被保険者期間に限らず、全ての種別の厚生年金被保険者期間を合算して１年以上ある場合でも可）60歳以上の者（下記の受給開始年齢の経過措置があります）は、65歳に達するまで老齢厚生年金を受給することができます。これを「特別支給の老齢厚生年金」と呼んでいます。

65歳になると、この「特別支給の老齢厚生年金」の受給権は消滅（失権）し、本来の老齢厚生年金が支給されますので、現在受給しているのは65歳未満である昭和34年４月以後に生まれた者に対象範囲が限られています。

特別支給の老齢厚生年金は、障害者及び長期加入者を除いて、報酬比例部分のみで構成されています。障害者及び長期加入者については、前述の「65歳から受給する老齢厚生年金」のところで述べた定額部分及び加給年金額も加算されますが、どちらの者も、下記アの「60歳以上であること」とされているいわゆる受給開始年齢が生年月日に応じて段階的に引き上げられることとされていて（次頁の「受給開始年齢の経過措置」参照）、昭和36年４月２日以後に生まれた者については、「特別支給の老齢厚生年金」のしくみそのものが適用されないことになっていますので、老齢厚生年金は65歳以後受給することとなります（154・155頁の概念図参照）。

すなわち、連合会から支給される特別支給の老齢厚生年金は、昭和36年４月１日以前に生まれた者が次のアからエまでの全ての要件に該当する場合に受給することができることとなります（厚年法附則8条）。

ア　60歳以上であること

イ　1月以上の第2号厚生年金被保険者期間があること

ウ　1年以上の厚生年金被保険者期間があること（第2号厚生年金被保険者期間に限らず、全ての種別の厚生年金被保険者期間を合算して1年以上ある場合でも可）

エ　保険料納付済期間等が10年以上あること

経過措置　**受給開始年齢の経過措置**

特別支給の老齢厚生年金は、「60歳以上であること」が受給要件の一つとされていますが、昭和28年4月2日から昭和36年4月1日までの間に生まれた者については、生年月日に応じて次表の右欄の年齢以上であることが要件とされており、このことによって、特別支給の老齢厚生年金の受給開始年齢が段階的に引き上げられる結果となっています（厚年法附則8条の2第1項）。

第1号厚生年金被保険者の場合は、女子は男子より生年月日で5年遅れのスケジュールとなっていて、昭和33年4月2日から昭和41年4月1日までの間に生まれた者について受給開始年齢の引上げ措置が適用されます（同条2項）が、第2号～第4号厚生年金被保険者の場合は男女の区別はなく、すべて第1号厚生年金被保険者の一般男子のスケジュールに合わせて引き上げられています。したがって、仮に昭和33年10月15日生まれの女子で第1号厚生年金被保険者期間と第2号厚生年金被保険者期間を有する場合には、第1号老厚年は61歳から、第2号老厚年は63歳からそれぞれ受給するということになります。

生年月日（カッコ内は第1号厚生年金被保険者女子）	年　齢
昭和28（33）年4月2日～昭和30（35）年4月1日	61歳
昭和30（35）年4月2日～昭和32（37）年4月1日	62歳
昭和32（37）年4月2日～昭和34（39）年4月1日	63歳
昭和34（39）年4月2日～昭和36（41）年4月1日	64歳

老齢厚生年金の生年月日別概念図

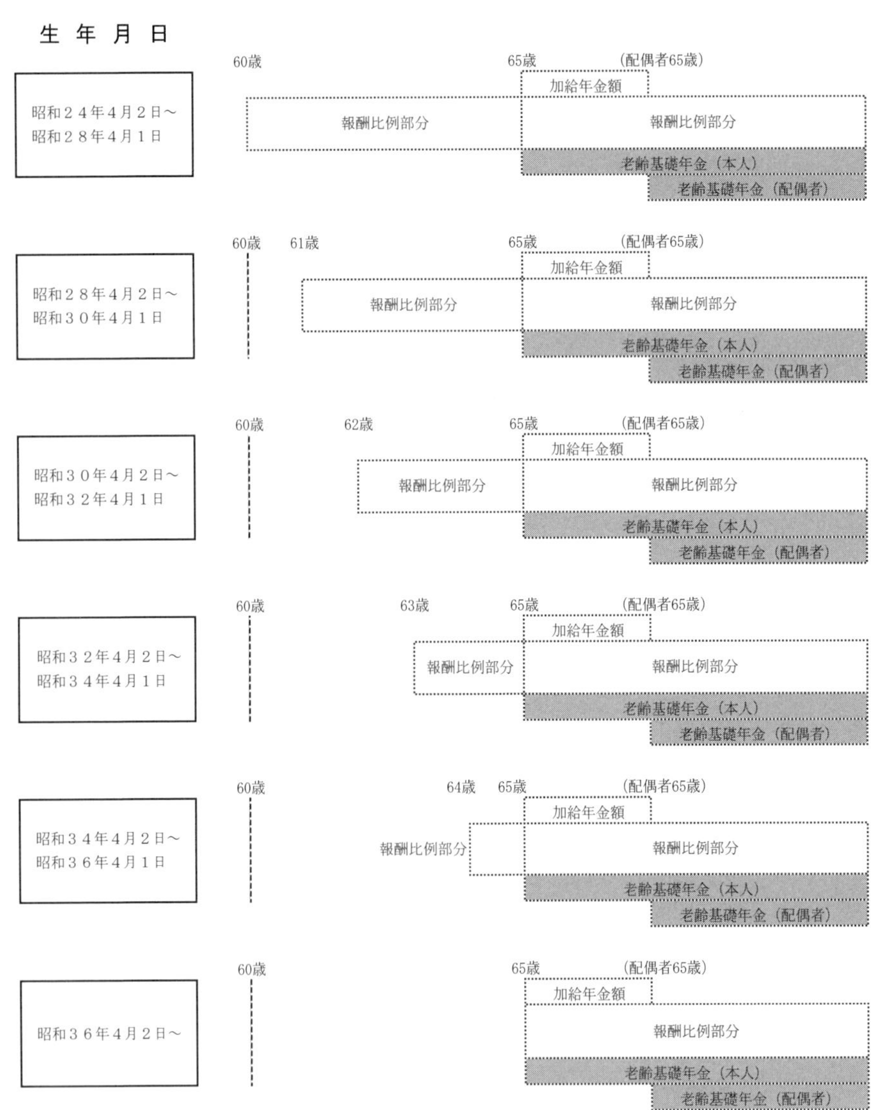

（障害者・長期加入者の特例）

生　年　月　日

生年月日	60歳～65歳	65歳～
～昭和２８年４月１日	60歳から：加給年金額／報酬比例部分／定額部分	65歳から：加給年金額（配偶者65歳まで）／報酬比例部分／老齢基礎年金（本人）／老齢基礎年金（配偶者）
昭和２８年４月２日～昭和３０年４月１日	61歳から：加給年金額／報酬比例部分／定額部分	65歳から：加給年金額（配偶者65歳まで）／報酬比例部分／老齢基礎年金（本人）／老齢基礎年金（配偶者）
昭和３０年４月２日～昭和３２年４月１日	62歳から：加給年金額／報酬比例部分／定額部分	65歳から：加給年金額（配偶者65歳まで）／報酬比例部分／老齢基礎年金（本人）／老齢基礎年金（配偶者）
昭和３２年４月２日～昭和３４年４月１日	63歳から：加給年金額／報酬比例部分／定額部分	65歳から：加給年金額（配偶者65歳まで）／報酬比例部分／老齢基礎年金（本人）／老齢基礎年金（配偶者）
昭和３４年４月２日～昭和３６年４月１日	64歳から：加給年金額／報酬比例部分／定額部分	65歳から：加給年金額（配偶者65歳まで）／報酬比例部分／老齢基礎年金（本人）／老齢基礎年金（配偶者）
昭和３６年４月２日～		65歳から：加給年金額（配偶者65歳まで）／報酬比例部分／老齢基礎年金（本人）／老齢基礎年金（配偶者）

上図は第２号厚生年金被保険者期間に係る老齢厚生年金の受給開始年齢引上げスケジュールで、男女共通です。

「障害者」とは障害等級の１級から３級までに該当しその旨請求した者、「長期加入者」とは同一種別の厚生年金被保険者期間が44年以上の者で、それぞれ退職している（第１号～第４号厚生年金被保険者のいずれにも該当しない）ことが要件です。

特別支給の老齢厚生年金の年金額

連合会から支給される特別支給の老齢厚生年金（２号特老厚）の年金額は、一般的には次の**❶報酬比例部分**の額ですが、障害者及び長期加入者については、これに加えて**❷定額部分**と**❸加給年金額**が加算されます。

❶ 報酬比例部分（厚年法43条、附則９条、平成12年国民年金法等改正法附則20条等）

> 次の①＋②の額
> ①平均標準報酬月額（令和６年再評価後ベース）× 7.125/1000
> × 平成15年３月以前の第２号厚生年金被保険者期間月数
> ②平均標準報酬額（令和６年再評価後ベース）× 5.481/1000
> × 平成15年４月以後の第２号厚生年金被保険者期間月数

❷ 定額部分（昭和36年４月１日までに生まれた障害者・長期加入者に加算）

> 1,701円 × 第２号厚生年金被保険者期間月数（上限480月）

（注）昭和31年４月１日以前生まれは、1,701円が1,696円となる。

経過措置　第２号厚生年金被保険者期間月数の上限

経過的加算額と同様、480月の上限は複数の種別の厚生年金被保険者期間があるときは、被保険者期間ごとに適用されることになっています。また、衛視等であった者などについては、第２号厚生年金被保険者期間が240月未満であっても240月分の定額部分が保障される特例がありますが、これも経過的加算額と同様です。

❸ 加給年金額（昭和36年4月1日までに生まれた障害者・長期加入者に加算）

加給年金額の加算要件、金額、支給停止、失権とも、65歳から受給する老齢厚生年金の加給年金額（140頁以下参照）と同様です。

特別支給の老齢厚生年金の繰上げ受給（昭和28年4月2日～昭和36年4月1日生まれの者が選択できます）

(1) 報酬比例部分の繰上げ

■老齢厚生年金の繰上げ請求

被保険者期間が1年以上あり（第2号厚生年金被保険者期間に限らず、全ての種別の厚生年金被保険者期間を合算して1年以上ある場合でも可）、保険料納付済期間等が10年以上ある者が60歳以後で特別支給の老齢厚生年金の受給開始年齢に達する前に老齢厚生年金の請求を行うと、請求のあった翌月から繰り上げて老齢厚生年金を受給することができます。なお、老齢基礎年金の繰上げ受給の請求を行うことができるときは、老齢基礎年金の繰上げ受給の請求と同時に請求を行わなければなりません（厚年法附則13条の4）。

また、2以上の種別の厚生年金被保険者期間を有する者については、1の厚生年金被保険者期間に基づく老齢厚生年金の繰上げ受給の請求をした場合には、他の厚生年金被保険者期間に基づく老齢厚生年金についても同時に繰上げ受給の請求をしなければなりません（厚年法附則21条）。

■繰上げ受給の請求をした場合の老齢厚生年金の額（減額）

繰上げ受給を選択した場合の老齢厚生年金の額は、繰り上げる月数1月につき報酬比例部分を0．4パーセント減額（例えば1年繰り上げると4.8パーセント減額）した額となります（厚年法附則13条の4第4項、厚年法施行令8条の2の3）。なお、65歳から受給する経過的加算額がある場合には、これも同時に繰り上げる必要があるため、経過的加算額の部分については、65歳を起点に繰上げ月数が計算されますので、仮に60歳からの繰上げ受給を希望する場合には24%の減額となります。

この繰上げ受給の請求は、形式上は65歳から受給する老齢厚生年金を早期に減額して受給し、特別支給の老齢厚生年金は受給しない法律構成を採っており、少し複雑ですが、具体的な年金額の計算式を示すと次のようになります。

請求時点の老齢厚生年金の報酬比例部分の額 －減額分＋満額の経過的加算額

<減額分の計算>

特別支給の老齢厚生年金の受給開始年齢を起点とした繰上げ月数に応じた報酬比例部分の減額分 ＋ 65歳を起点とした繰上げ月数に応じた経過的加算額の減額分

繰上げ請求をすると、特別支給の老齢厚生年金の受給開始年齢に達しても特別支給の老齢厚生年金は支給されず（厚年法附則13条の4第9項）、またその者が65歳に達しても引き続き減額された報酬比例部分に満額の経過的加算額を加えた額を、65歳以後も受給することになっています（同条）。

加給年金額は繰上げの対象とはなっておらず、繰上げ受給の請求をしたとしても本来の加算年齢（一般には65歳）に達した後でなければ加算されません。

■繰上げ受給の請求をした場合の老齢基礎年金の額（減額）

老齢厚生年金の繰上げ受給を選択した場合の老齢基礎年金の額は、繰り上げる月数1月につき老齢基礎年金の額を0.4パーセント減額した額です。65歳になっても老齢基礎年金の額は減額されたまま変わりません（国民年金法附則9条の2第4項、国民年金法施行令12条1項）。

特　例　繰上げ受給の請求をした後も勤務期間がある場合の年金額の改定

繰上げ受給の請求をしたときに第2号厚生年金被保険者であった者が、その後、特別支給の老齢厚生年金の受給開始年齢に達する前に退職をした場合には、退職時改定は行われず、受給開始年齢に達したときに未算入の第２号厚生年金被保険者期間を加えて老齢厚生年金の額が増額改定されます。また、受給開始年齢到達時に在職している場合には、受給開始年齢に達したときに一旦未算入の第２号厚生年金被保険者期間を加えて増額改定され、更に退職したときに退職時改定が行われることになります。もちろん、厚生年金の被保険者として在職している間は、後で述べる在職老齢年金制度が適用になり、繰上げ受給中の老齢厚生年金のうち経過的加算額を除いた部分の全部又は一部が支給停止されます。

(2)　報酬比例部分と定額部分の繰上げ（昭和28年4月2日～昭和36年4月1日生まれの障害者・長期加入者が選択できます）

～老齢基礎年金と定額部分の一体繰上げ～

昭和28年4月2日から昭和36年4月1日までの間に生まれた障害者及び長期加入者の場合には、生年月日に応じて61歳から64歳で受給が開始される特別支給の老齢厚生年金に定額部分と加給年金額が加算されることとなっています(厚年法附則9条の2、9条の3)ので、これらの者が繰上げ受給の請求をすると、報酬比例部分については前述の方法で減額する額が計算され、定額部分については65歳から受給する老齢基礎年金と一体のものとして減額する額が計算される特例が設けられています（厚年法附則13条の5第1項、厚年法施行令8条の2の4)。もちろん老齢基礎年金も減額されることに変わりはありませんが、全体の減額率は定額部分があることによって緩和されたものとなります（国民年金法附則9条の2の2第4項・5項、国民年金法施行令12条の6、12条の7)。

加給年金額は、繰上げ請求をしたとしても本来の加算年齢（生年月日に応じて61歳～64歳＝155頁の図参照）に達した後でなければ加算されません。

特　例　**受給開始年齢の異なる複数の年金を受給している場合**

第２号厚生年金被保険者期間に係る老齢厚生年金（２号老厚年）と第１号厚

生年金被保険者期間に係る老齢厚生年金（１号老厚年）の両方が受けられる女子の場合、双方の受給開始年齢が異なることのほか、１号老厚年のみ定額部分を受給するケースも起こり得ます。

このように、受給開始年齢の異なる２以上の老齢厚生年金の受給資格を有する者が老齢基礎年金の一部を上記の障害者等と同じように定額部分と一体で繰上げ受給する場合の老齢基礎年金の額は、各老齢厚生年金の加入期間按分で該当部分が特定される取扱いとなっています。

したがって、２号老厚年と期間按分による老齢基礎年金の該当部分は全部繰り上げ、１号老厚年と期間按分による老齢基礎年金の該当部分は老齢厚生年金の定額部分と一体で繰り上げるかたちで、希望する年齢から同時に受給することになります。

誌面の都合上、公務障害年金及び公務遺族年金の解説は省略しています。詳細については「年金一元化後の公務員のあたらしい年金制度」(共済組合連盟発行)をご覧ください。

第3　遺族厚生年金

遺族厚生年金の受給要件

連合会が支給する遺族厚生年金は、第2号厚生年金被保険者又は第2号厚生年金被保険者であった者が次のアからオまでのいずれかの死亡要件に該当した場合に、その遺族が受給できます（厚年法58条1項）。次のエで示すように、老齢厚生年金の受給権者が死亡した場合には遺族厚生年金を受給しますが、既裁定の退職共済年金や退職年金等の受給権者が死亡した場合にも、その遺族は、遺族共済年金ではなく遺族厚生年金を受給することとなります(年金一元化法附則20条）。

ここでいう死亡には、船舶や航空機の事故により行方不明となった場合の死亡の推定（厚年法59条の2）及び失踪宣告による死亡も含まれ、前者は事故のあった日が、後者は生死が明らかでなくなった日から7年を経過した日が、それぞれ死亡日とされます。

なお、子のある配偶者（妻又は夫）が受給者となった場合及び子が受給者となった場合には、国民年金法による遺族基礎年金が併給されます（163頁図）。また、遺族に該当する子がいない妻が受給者となった場合には、妻が65歳に達するまでの間、中高齢妻加算が加算される場合があります（詳しくは164頁「遺族厚生年金の年金額」❷参照）。

(遺族厚生年金が受給できる死亡要件)

ア　第2号厚生年金被保険者が死亡したとき（いわゆる在職死亡）。この場合は保険料の納付要件が課されており、死亡日の前日において、死亡日の属する月の前々月までの公的年金の全加入期間のうちに保険料納付済期間と保険料免除期間を合算した期間が3分の2以上あることが必要とされています（厚年法58条1項ただし書）。なお、死亡日が令和8年4月1日前にあるときは、死亡日の属する月の前々月から遡って1年間のうちに保険料の滞納期間がなければ、納付要件は満たしたものとする特例があります（昭和60年国民年金法等改正法附則20条2項）。

イ　第2号厚生年金被保険者である間に初診日がある傷病によって、退職後、初診日から5年以内に死亡したとき。アと同様、保険料納付要件を満たす必要があります。

ウ　連合会が支給する1級又は2級の障害厚生年金（年金一元化法施行前に受給権が生じた障害共済年金や障害年金も含みます）の受給権者が死亡したとき

エ　連合会が支給する老齢厚生年金（2号老厚年）（年金一元化法施行前に受給権が生じた退職共済年金や退職年金等も含みます）の受給権者（保険料納付済期間等が25年以上ある者（衛視等の特例等により25年以上あるとみなされる者を含みます）に限られます）が死亡したとき

オ　第2号厚生年金被保険者期間を有し、エと同様の保険料納付済期間等が25年以上ある者が死亡したとき

上記のうちア～ウは、加入期間が受給要件とはなっていないため、加入期間が短くても遺族厚生年金の受給権が発生するところから**「短期要件の遺族厚生年金」**と呼んでいます。

これに対し、エ及びオは、一定の加入期間が必要であるところから**「長期要件の遺族厚生年金」**と呼んでいます。

短期要件の遺族厚生年金と長期要件の遺族厚生年金とでは、年金額の算定方法や年金を併給する際の取扱いに相違があります。

また、たとえば保険料納付済期間等が25年以上ある者が第2号厚生年金被保険者である間に死亡した場合のように、短期要件と長期要件のいずれにも該当するときには、年金請求時に遺族から特段の申出がない限り短期要件の遺族厚生年金の受給権を発生させる取扱いとなっています（厚年法58条2項）。

有子の妻が遺族となった場合の遺族厚生年金と基礎年金

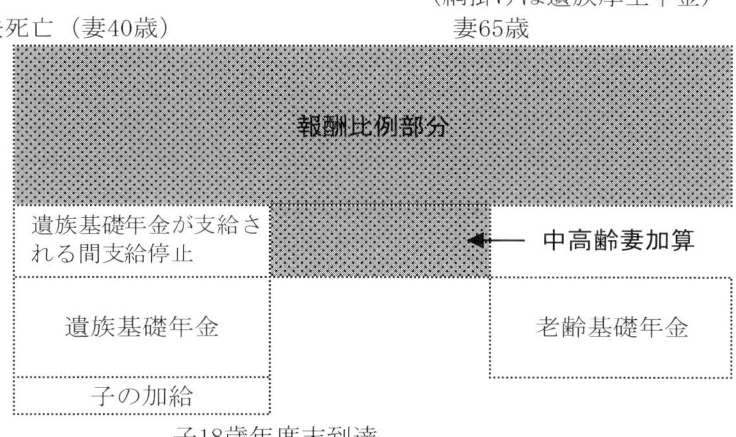

遺族の範囲

遺族厚生年金を受けることができる遺族は、被保険者又は被保険者であった者が死亡した当時（失踪宣告による死亡の場合には行方不明となった当時）その者によって生計を維持されていた次の者とされています（厚年法59条）。

ア　配偶者（事実婚を含みます）

イ　子

ウ　父母（配偶者又は子が受給権を取得したときは非該当）

エ　孫（配偶者、子又は父母が受給権を取得したときは非該当）

オ　祖父母（配偶者、子、父母又は孫が受給権を取得したときは非該当）

注1）夫、父母、祖父母は被保険者又は被保険者であった者の死亡当時55歳以上であることが要件です。

注2）子、孫は18歳に達した日以後の最初の3月31日までの間にあ

る（一般に高校在学の間の趣旨）か20歳未満で障害等級の１級又は２級に該当する障害の状態にあり、いずれも婚姻をしていないことが要件です。

被保険者又は被保険者であった者の死亡当時に胎児であった子が出生した場合には、その子も将来に向かって遺族に該当します（同条３項）。

生計維持の認定に当たっては、被保険者又は被保険者であった者の死亡の当時、その者と生計を共にしていた者のうち、前年の収入（一時的な収入は除きます）が年額850万円未満であるか前年の所得（一時的な所得は除きます）が年額655万5,000円未満である者、又はこれらに該当しなくても、定年等の事情により近い将来（概ね５年以内に）収入が年額850万円未満となるか所得が年額655万5,000円未満となることが雇用契約等で客観的に明らかである者が、生計維持関係にあるとされています（厚年法施行令３条の10、平成23年３月23日厚生労働省年金局長通知別添「生計維持・生計同一関係等に係る認定基準及びその取扱いについて」）。老齢厚生年金の加給年金額の加算対象者と生計維持の要件は一緒です。

遺族厚生年金の年金額

連合会が支給する遺族厚生年金の年金額は、次の**❶報酬比例部分**及び**❷中高齢妻加算**の合算額です。短期要件の遺族厚生年金については、第２号厚生年金被保険者期間のほかに他の種別の厚生年金被保険者期間を有している場合にはその期間も合算して年金額が計算され（厚年法78条の32第１項）、また、報酬比例部分を算定する場合、被保険者期間が300月に満たない場合に300月が保障されるほか、給付乗率に経過措置が設けられていない点で長期要件の遺族厚生年金と相違があります。

配偶者も厚生年金に加入した経緯がある場合の65歳以後に配偶者が受給

する遺族厚生年金は、先ず配偶者本人の老齢厚生年金を優先して受給した上で、その年金額を遺族厚生年金が上回る場合に、その上回る部分を遺族厚生年金として併給する特例があります（詳しくは180頁「65歳以後の併給の特例」の(2)「老齢厚生年金と遺族給付の併給」参照）。

❶　報酬比例部分（厚年法60条等）

短期要件の遺族厚生年金は、被保険者となった直後に死亡した場合でも受給できるため、被保険者期間が極端に短い年金が発生する可能性があります。そこで、年金額算定基礎期間が300月に満たない場合には300月が保障される特例があります。

一方、長期要件の遺族厚生年金の場合は、報酬比例部分を算定する際の被保険者期間の300月の保障はなく、老齢厚生年金の4分の3に相当する額を受給することになっていることから、死亡した被保険者又は被保険者であった者の報酬比例部分について生年月日別の給付乗率の経過措置が適用されている場合には、その4分の3が報酬比例部分の額となります。

なお、死亡した者が、老齢厚生年金の繰上げ受給を選択して減額された年金を受給していても、遺族厚生年金の額は満額の老齢厚生年金の4分の3の額です。

短期要件の遺族厚生年金

次の①＋②の額×3/4　(①＋②で300月分を保障)

①平均標準報酬月額（令和6年再評価後ベース）×7.125/1000×平成15年3月以前の厚生年金被保険者期間月数

②平均標準報酬額（令和6年再評価後ベース）×5.481/1000×平成15年4月以後の厚生年金被保険者期間月数

※　2以上の種別の厚生年金被保険者期間を有している場合には、それらの被保険者期間ごとに平均標準報酬月額等を計算して年金額を算出し、それを合算し最終的な年金額とします。

長期要件の遺族厚生年金

次の①＋②の額×3/4

①平均標準報酬月額（令和 6 年再評価後ベース）×生年月日に応じ 9.5/1000～7.125/1000×平成 15 年 3 月以前の第２号厚生年金被保険者期間月数

②平均標準報酬額（令和 6 年再評価後ベース）×生年月日に応じ 7.308/1000～5.481/1000×平成 15 年 4 月以後の第２号厚生年金被保険者期間月数

❷ 中高齢妻加算の加算要件及び加算額

遺族厚生年金の受給者が妻の場合で、夫死亡時 40 歳以上であるときは、妻が 65 歳に達するまでの間(妻自身の老齢基礎年金を受給するまでの間)、中高齢妻加算が加算されます（厚年法 62 条）。ただし、妻が遺族基礎年金を受給する場合には、その間中高齢妻加算の支給は停止されます（厚年法 65 条）。

なお、長期要件の遺族厚生年金に限っては、厚生年金被保険者期間の月数が 240 月（20 年）以上あることが中高齢妻加算を加算する要件とされています(厚年法 62 条）が、この場合の被保険者期間の月数計算は、複数の種別の厚生年金被保険者期間がある場合には、全ての厚生年金被保険者期間を合算して判断されます（厚年法 78 条の 32 第 2 項）。その上で、いずれか 1 つの遺族厚生年金のみに中高齢妻加算が加算されますが、その順序は、①厚生年金被保険者期間が最も長いもの、②厚生年金被保険者期間が同じときは１号遺厚年→２号遺厚年→３号遺厚年→４号遺厚年の順序で加算されます。

中高齢妻加算の額は、遺族基礎年金の 4 分の 3 に相当する 612,000 円（令和 6 年度価格）とされています(厚年法 62 条 1 項）。

経過措置　**経過的加算額（65歳以降中高齢妻加算からの移行）**

中高齢妻加算が加算されている遺族厚生年金の受給者が65歳に達すると、別途、妻名義の老齢基礎年金を受給できることになるため中高齢妻加算は65歳で受給権を失いますが、基礎年金制度が昭和61年4月に発足したこともあり、それ以前に任意加入した期間を持たない妻の場合、生年月日によっては60歳までに国民年金に加入できる期間が短いために、65歳から受給する老齢基礎年金の額が、65歳までに受けていた中高齢妻加算の額より少ないということがあり得ます。そこでその保障措置として、昭和31年4月1日以前に生まれた妻について、生年月日に応じて次の表の金額を遺族厚生年金の額に加算することとされています。この加算額を「経過的加算額」と呼んでいます。

65歳以上の妻が受給する遺族厚生年金の経過的加算額

（令和6年度価格）

配偶者の生年月日	経過的加算額	配偶者の生年月日	経過的加算額
昭　2.4.1以前	610,300円	昭16.4.2～17.4.1	305,162円
昭　2.4.2～ 3.4.1	579,004円	昭17.4.2～18.4.1	284,820円
昭　3.4.2～ 4.4.1	550,026円	昭18.4.2～19.4.1	264,477円
昭　4.4.2～ 5.4.1	523,118円	昭19.4.2～20.4.1	244,135円
昭　5.4.2～ 6.4.1	498,066円	昭20.4.2～21.4.1	223,792円
昭　6.4.2～ 7.4.1	474,683円	昭21.4.2～22.4.1	203,450円
昭　7.4.2～ 8.4.1	452,810円	昭22.4.2～23.4.1	183,107円
昭　8.4.2～ 9.4.1	432,303円	昭23.4.2～24.4.1	162,765円
昭　9.4.2～10.4.1	413,039円	昭24.4.2～25.4.1	142,422円
昭10.4.2～11.4.1	394,909円	昭25.4.2～26.4.1	122,080円
昭11.4.2～12.4.1	377,814円	昭26.4.2～27.4.1	101,737円
昭12.4.2～13.4.1	361,669円	昭27.4.2～28.4.1	81,395円
昭13.4.2～14.4.1	346,397円	昭28.4.2～29.4.1	61,052円
昭14.4.2～15.4.1	331,929円	昭29.4.2～30.4.1	40,710円
昭15.4.2～16.4.1	318,203円	昭30.4.2～31.4.1	20,367円

金額は、65 歳まで受けていた中高齢妻加算の額から、昭和 61 年 3 月以前の任意加入期間がない妻が受けることのできる生年月日別の老齢基礎年金の額を控除した額を基準に定められています（昭和 60 年国民年金法等改正法附則 73 条）。

遺族厚生年金の支給停止

夫、父母、祖父母が受給者であるときは、遺族基礎年金の受給権を有する夫である場合を除き、60 歳未満である間、遺族厚生年金の支給が停止されます（厚年法 65 条の 2）。また、配偶者と子は同順位とされていますが、次のように受給の優先順位が定められています（厚年法 66 条）。

(1) 子に対する遺族厚生年金は、配偶者が遺族厚生年金の受給権を有するときは、その間、支給が停止されます。ただし、次に該当する場合は、受給できます。

ア 夫が遺族基礎年金の受給権を有せず、かつ、60 歳未満であるため遺族厚生年金の支給が停止されている場合

イ 次の(2)に該当して配偶者に対する遺族厚生年金が支給停止されている場合

(2) 配偶者に対する遺族厚生年金は、配偶者が遺族基礎年金の受給権を有せず、子が遺族基礎年金の受給権を有するときは、その間、支給が停止されます。先妻の子と後妻が養子縁組をしていない場合などに生じます。

遺族厚生年金の失権

遺族厚生年金は、受給権者が次のいずれかに該当したときに権利が消滅することとされています（厚年法 63 条）。

ア 死亡したとき

イ　婚姻（事実婚を含みます）をしたとき

ウ　直系血族及び直系姻族以外の者の養子となったとき

エ　死亡した被保険者であった者との親族関係が離縁によって終了したとき

オ　受給権を取得した当時 30 歳未満である妻が受給する遺族厚生年金で、同一の支給事由による遺族基礎年金の受給権を取得しないまま５年が経過したとき

カ　同一の支給事由による遺族基礎年金の受給権が30歳未満で消滅した妻が受給する遺族厚生年金で、受給権消滅後5年が経過したとき

キ　子又は孫が18歳に達した日以後の最初の3月31日が終了したとき（障害等級の１級又は２級に該当する障害の状態にある場合を除きます）

ク　障害等級の１級又は２級に該当する障害の状態にある子又は孫について、その事情がなくなったとき（18 歳に達した日以後の最初の３月 31 日が終了していない場合を除きます）

ケ　障害等級の１級又は２級に該当する障害の状態にある子又は孫が 20 歳に達したとき

第４　その他の給付金

短期在留外国人に対する脱退一時金

(1) 脱退一時金の受給要件

連合会が支給する短期在留外国人に対する脱退一時金は、被保険者期間が６か月以上（第２号厚生年金被保険者期間に限らず、全ての種別の厚生年金被保険者期間を合算して６か月以上でも可）ある日本国籍を有しない者で、保険料納付済期間等が10年に満たない者（老齢厚生年金の受給資格がない者）が次の全ての要件に該当する場合に、請求によって受給することができる給付です（厚年法附則29条）。

在勤期間の短い在留外国人の年金保険料の掛捨てを防止するため、平成7年4月から導入された制度です。

ア　１月以上の第２号厚生年金被保険者期間を有すること

イ　日本国内に住所を有していないこと

ウ　障害を支給事由とする年金又は一時金の受給権を、過去を含め有したことがないこと

エ　国民年金の資格喪失後２年又は帰国後２年のいずれか後に到来する日が経過していないこと

脱退一時金を受給すると、その算定基礎期間は、もともと厚生年金の被保険者期間でなかったとみなされ、国民年金の被保険者期間にも該当しないことになる（同条５項）ばかりでなく、受給資格期間にも算入されません。

(2) 脱退一時金の額

脱退一時金の額は、平均標準報酬額（標準報酬月額及び標準賞与額を再

評価しないまま計算したものを使用します）に支給率を乗じた額となります（厚年法附則29条3項）。

支給率は、第2号厚生年金被保険者の資格喪失月の前月（同月得喪の場合は資格喪失月）の属する年の前年(同月が1月から8月までに属するときは前々年）10月の厚生年金保険料率の2分の1に相当する率（平成26年10月以前については国共済長期掛金率）に、第2号厚生年金被保険者期間に応じ次の数の欄に示す数値（被保険者期間が令和3年4月前のみの期間で36月以上の場合は、36）を乗じて算定されることになっています（小数点1位未満四捨五入。同条4項、厚年法施行令12条の2)。本人が負担した保険料相当額を返還するとともにその額を保険料率の引上げに応じて自動的に改定する趣旨です。

被保険者期間	数	（参考）支給率
6月以上12月未満	6	0.5
12月以上18月未満	12	1.1
18月以上24月未満	18	1.6
24月以上30月未満	24	2.2
30月以上36月未満	30	2.7
36月以上42月未満	36	3.3
42月以上48月未満	42	3.8
48月以上54月未満	48	4.4
54月以上60月未満	54	4.9
60月以上	60	5.5

表の(参考)支給率は資格喪失月の前月が令和元年 9 月以後にある者に使用される実際の支給率です。

2以上の種別の厚生年金被保険者期間を有する場合には、全体を1つの種別の厚生年金被保険者期間とみなして上記の方法により脱退一時金の額を算出し、その額を各号の厚生年金被保険者期間ごとに按分して計算します（厚年法施行令16条）。

支払未済給付金

年金受給者が死亡し年金の未支給金が生じた場合（年金は年 6 回、偶数月に前月までの 2 か月分が死亡月分まで支払われるため、たとえば9月に死亡した場合は、8月分と9月分が未払いとなってしまいます）や受給権がありながら未請求のまま死亡したために未支給金が生じた場合には、死亡した者と生計を同じくしていた配偶者、子、父母、孫、祖父母、兄弟姉妹又はこれらの者以外の 3 親等内の親族の順位で未支給金を受給することができます（厚年法 37 条1項、厚年法施行令 3 条の 2）。

いずれも請求者の一身専属の権利であり相続財産ではないため、法律上の受給資格者がいるにもかかわらずそれを無視して、死亡者の遺言などによって勝手に順位や受給者を変更することは許されていません。

支払未済給付金を受けることのできる同順位の該当者が複数いる場合には、そのうちの一人からの請求に基づいてその請求者に支払未済給付金の全額を支給したときには、該当者全員に支給したものとみなされます(厚年法 37 条 5 項）。

老齢厚生年金の年金額の例（令和６年度）

（夫婦２人分の老齢基礎年金(満額)を含む標準的な年金額）

夫 老齢厚生年金

平均的な収入（平均標準報酬額（賞与を含む月額換算）43 万 9,000 円）で 40 年間就業した場合に受け取り始める年金月額　94, 483 円①

夫 老齢基礎年金　816, 000 円×1/12＝68, 000 円②

妻 老齢基礎年金　816, 000 円×1/12＝68, 000 円③

合　　計（①～③）　230, 483円

（注）昭和 31 年 4 月 1 日以前生まれの老齢基礎年金(満額 1 人分)の月額(②及び③)は、67,808 円です。

第５　年金の支給停止と併給調整

被保険者である間の年金の支給停止

本格的な高齢社会の到来に備え、高齢者の就業意欲を阻害しない範囲で、60歳以降の給与収入と年金収入の連携を図るためのしくみとして、在職老齢年金（在職して給与を受けている間の年金の全部又は一部支給停止）の制度が設けられています。

在職老齢年金の制度は、原則、厚生年金の被保険者である間に受給する老齢厚生年金を対象に適用されるもので、65歳未満と65歳以上とで支給停止の基準となる金額や支給停止額の計算方法等に相違があり、前者を「低在老」、後者を「高在老」と呼んでいましたが、令和4年4月からは「低在老」のこれらの内容を「高在老」に合わせることとされました。

～老齢基礎年金や障害給付は対象外～

65歳以後の老齢給付は老齢基礎年金と老齢厚生年金で構成されていますが、在職中支給停止のしくみが適用されるのは老齢厚生年金のみで、老齢基礎年金は在職中であっても全額を受給できます。

また、障害基礎年金や障害厚生年金にはこのような在職老齢年金の制度が設けられていませんので、在職中の給与に関係なく、年金額は全額受給することができます。

～国会議員や地方議会議員である間も対象～

在職老齢年金の制度は、一般に厚生年金の被保険者となった場合に制度の対象とされることになっていますが、給与所得を受けながら年金が併給されるという点では給与所得者と差異がない国会議員や地方議会議員についても、平成27年10月以後、在職老齢年金の制度が適用されることとなっています。

この場合には、国会議員の歳費月額及び地方議会議員の議員報酬月額を報酬月額とみなして求めた標準報酬月額とその月以前1年間の国会議員及び地方議会議員の期末手当等の額の各月ごとの金額を賞与等とみなして求めた標準賞与額の総額の12分の1に相当する額との合算額を支給停止額の基準となる「総報酬月額相当額」として、支給停止額を計算することとされています。

(1) 65歳に達するまでの間の在職中支給停止

老齢厚生年金は被保険者の資格喪失が受給要件とはなっていないため、一定の年齢に達すれば、在職中でも年金の受給権が発生することになりますが、受給者が厚生年金の被保険者として在職中は、ある程度の給与所得が確保されていることから、在職中の賞与を含めた給料と年金の合計額が一定金額を上回る場合には、それらの金額に応じて報酬比例部分の全部又は一部が支給停止されることになっています（厚年法附則11条等）。

具体的には、総報酬月額相当額（停止額算定月の標準報酬月額＋その月以前1年間の標準賞与額の合計額÷12）と基本月額（報酬比例部分÷12）の合計額から50万円を控除した額の2分の1に相当する金額が支給停止されます。

支給停止の基準となる50万円の金額は、賃金や物価に応じて毎年見直しが行われ、1万円単位で改定されます（厚年法附則11条2項、3項）。

また、総報酬月額相当額は、必ずしも受給している年金と同一種別の厚生年金被保険者期間のものに限られませんので、たとえば、国家公務員が定年退職し、老齢厚生年金（2号老厚年）を受給しつつ第1号厚生年金被保険者として民間企業に再就職した場合にも、民間会社で受け取る給与を基準にしてこの在職中支給停止のしくみが働くことになります。

なお、老齢厚生年金の受給者が障害者又は長期加入者である場合には定額部分と加給年金額が加算される特例がありますが、この特例は被保険者の資格喪失（第１号から第４号までの全ての種別の厚生年金被保険者からの脱退）が要件となっているため、再就職して再び被保険者となった場合には、定額部分と加給年金額は支給されないことになっていますので、そもそも支給停止の対象にもならないということになります。

⑵　65歳以後の在職中支給停止

老齢厚生年金の受給者が65歳に達すると、総報酬月額相当額（停止額算定月の標準報酬月額＋その月以前１年間の標準賞与額の合計額÷12）と基本月額（「経過的加算額」、「加給年金額」及び繰下げ受給を希望した場合の「繰下げ加算額」を除く報酬比例部分÷12）の合計額から50万円を控除した額の２分の１に相当する金額が支給停止される（その金額が報酬比例部分の額以上のときは、その額とともに加給年金額も支給停止される）ことになります（厚年法46条）。

なお、厚生年金は70歳までしか被保険者の資格が認められていないのですが、厚生年金適用事業所に勤務する者であって常勤の雇用形態で雇用が継続されている間は、70歳以上であっても在職中支給停止のしくみが引き続き適用されることになっています。

また、支給停止の基準となる50万円の金額は、賃金や物価に応じて毎年見直しが行われ、１万円単位で改定されます（厚年法46条３項）。

⑴と同様、この在職支給停止のしくみは、既裁定の退職共済年金にも平成27年10月以降適用され、また、既裁定の障害共済年金については、同月以後停止が解除されています。

⑶　複数の年金を受給する場合の在職中支給停止額計算の特例

年金一元化法施行前のしくみでは、同一人が複数の年金を受給している場合には、在職支給停止措置は、それぞれの年金ごとに個々に前記「低在老」又は「高在老」の計算式を適用させて支給停止額を計算していました。

しかし、年金一元化法によって全ての被用者が厚年法の適用を受け、厚生年金の被保険者となったことから、在職中支給停止についても同一人が受給する複数の年金を合算して支給停止額を計算し、それを年金額に応じて按分する方法を採ることになりました。このため、改正前後で適用制度は低在老で変わらない場合であっても、合算計算をすることによって従来よりも停止額が多額となる事例が生じます。

そこで、既裁定の年金で、年金一元化法の施行日である平成27年10月1日の前後にまたがって継続雇用されている者に関して、停止額の激変を緩和するための措置が別途講じられています。

年金一元化法による改正前後の在職老齢年金制度のしくみ（低在老・高在老）を整理すると次のようになります。

年金一元化法による在職老齢年金の制度変更

区　分		退職共済年金（老齢厚生年金）	備　考
65歳未満	制度内	低在老 ⇒ 低在老	激変緩和措置A
	制度間	**高在老 ⇒ 低在老**	
	議員	**高在老 ⇒ 低在老**	
65歳以上	制度内	低在老 ⇒ 高在老	激変緩和措置B
	制度間	高在老 ⇒ 高在老	
	議員	高在老 ⇒ 高在老	

注１）網掛け部分が制度の変更箇所で、「制度間」は、従来、公務員が民間企業に再就職した場合の所得制限のしくみでしたが、年金一元化法施行後においては全て厚年法が適用になり「制度内」の取扱いとなります。ゴシック体は従来に比べ厳しくなる部分を示します。

注２）既裁定年金にも平成27年10月分から新方式が適用になります。そのため、従来に比して大幅に停止額が増加する場合に、下記の激変緩和措置が適用されます。

○**激変緩和措置Ａ**＝新たな停止額の増加分の上限を現に受給している年金額の10％とし、更に停止後の年金額(月額）として35万円を保障。

○**激変緩和措置Ｂ**＝新たな停止額の増加分の上限を現に受給している年金額の10％とする。

注３）年金一元化法施行後は複数の年金を受給している場合には、すべてを合算して年金月額を算出し停止額が計算されるため、高在老→高在老の場合でも停止額が増加する場合があります。

雇用保険法による給付を受けている場合の年金の支給停止

⑴　雇用保険法の基本手当を受けている場合

特別支給の老齢厚生年金の受給者が失業給付（雇用保険法による基本手当）を受ける場合には、失業給付を優先して受給するものとされており、その間、老齢厚生年金の全額が支給停止されます（厚年法附則11条の5）。

実務上失業給付を受け取らない選択も可能なので、受給に当たっては両者の受給額を比較する等の検討も必要となります。

具体的な支給停止期間は、公共職業安定所に求職の申込みをした日の属する月の翌月から、失業給付の受給期間が経過した日又は所定給付日数が満了した日のいずれか早い日の属する月までとされています。支給停止期間中に、待期期間及び給付制限期間を除いて失業給付を受けた日が１日もない月があるときは、その月は年金を受給できます。このほか、失業給付の支給がないまま求職の申込みを取り消したときも、その月は年金を受給できます。

支給停止期間が終了し、実際に失業給付を受けたとされる日数（この場合、待期日数及び給付制限日数は含まれません）を30で割って月数換算した月数（１月未満の端数は切り上げます）と支給停止月数に１月以上の差があるときは、その月数分の支給停止が解除され、直近の年金停止月分から順次遡って年金を受給できる、いわゆる「事後精算」のしくみがあります。結果的に待期日数及び給付制限日数は事後精算の対象となる日数にカウントされます。

(2) 雇用保険法の高年齢雇用継続基本給付金を受けている場合

特別支給の老齢厚生年金の受給者が、第1号から第4号までのいずれかの種別の厚生年金被保険者として在職中に雇用保険法による高年齢雇用継続給付（高年齢雇用継続基本給付金及び高年齢再就職給付金）を受ける場合には、給付金自体が給与と同じ性格を有する給付であるところから、前記「被保険者である間の年金の支給停止」の低在老適用後に在職中一部受給できる報酬比例部分がある場合に限り、その金額の範囲内で、60 歳時の賃金月額（60 歳到達時前 6 か月間の賃金総額（ボーナスを除く）を 180 で割り 30 倍した額をいい、486,300 円(毎年 8 月に見直される)が上限）に対する 60 歳以降の標準報酬月額の割合（以下「60 歳以降標準報酬水準」といいます）に応じて、次の金額が支給停止されます（厚年法附則 11 条の 6）。

なお、複数の老齢厚生年金を受給している場合には、計算された停止額を年金額に応じて按分した額が個々の停止額となります。

ア　60 歳以降標準報酬水準が 61％未満の場合

60 歳以降の標準報酬月額 × 6％相当額

イ　60 歳以降標準報酬水準が 61％以上 75％未満の場合

60 歳以降標準報酬水準に応じて、60 歳以降の標準報酬月額 × 6％相当額から順次逓減した金額

60 歳時の賃金月額に対する 60 歳以降の賃金月額の割合が 75％以上では、そもそも高年齢雇用継続給付は支給されませんので、60 歳以降標準報酬水準が 75％以上の場合は支給停止もされません。

申出による年金の支給停止

受給者の申出により、その申出のあった月の翌月分から、年金の支給を停止することができます（厚年法38条の2）。

年金は、請求しない限り受給できないしくみになっていますが、未請求の年金を請求し、一旦受給権が発生すると、時効により支分権が消滅しているものを除き、過去に遡って年金を受給するのが原則です。しかし、受給権者の申出により、いつでも自由に、在職中支給停止等の規定によって既に停止されている部分を除き、受給する年金の全額の支給を停止することができるしくみが平成19年４月から導入されています。

受給権そのものを放棄すると、将来遺族給付も受給できなくなるといった事態が生じますが、支給の停止を申し出ることによって遺族給付への影響が避けられる利点があります。

この申出は、将来に向かっていつでも撤回できます。撤回によってその翌月分から受給が再開できますが、過去の未支給分を後から受給することはできません。

当然のことですが、申出による支給停止期間中の年金は、老齢厚生年金の繰下げによる増額分の対象とはなりません。

また、妻が受給する老齢厚生年金を、申出により支給を停止したとしても、夫が受給する老齢厚生年金や障害厚生年金の加給年金額の支給停止が解除されることはなく、こうした併給調整の適用上は、申出による支給の停止がされていないものとみなされる取扱いとなっています（厚年法38条の2第４項、厚年法施行令３条の3）。

複数の老齢厚生年金の受給権がある場合又は複数の遺族厚生年金の受給権がある場合には、全ての種別の老齢厚生年金又は遺族厚生年金に対して同時に支給停止の申出又は申出の撤回をする必要があります（厚年法78条の23）。

年金の併給調整（一人一年金の原則）による支給停止

同一人に２以上の年金の受給権が生じた場合は、受給者の選択によってそのうちのどちらか１つの年金を受給し、その他の年金は支給が停止されることになっています（厚年法38条）。

老齢厚生年金と老齢基礎年金、障害厚生年金と障害基礎年金など支給事由が同一の厚生年金（２階部分）と基礎年金（１階部分）は、両者でワンセットの年金として併給が認められます。なお、老齢厚生年金と長期要件の遺族厚生年金に関しては、それぞれにおいて複数の種別の厚生年金被保険者期間がある場合には、それぞれの被保険者期間に見合う年金がそれぞれの実施機関から支給されますが、この場合も併給が可能です。したがって、１号老厚年 ＋ ２号老厚年 ＋ 老齢基礎年金という組合せで年金が受給できます。

２以上の年金の受給権があり、そのいずれを選択するかは受給者が行うことになりますが、すでに受給している先発の年金の受給者に後発の年金の受給権が生じた場合で、その受給権が生じた月内に選択の申請がないときは、事務処理の便宜上、先発の年金について選択の申請があったものとみなされることとなっています（同条３項）。

一度した選択は、将来にわたって固定されることはなく、将来に向かって、いつでも自由に受給する年金の選択を変更することができます（同条４項）。

65歳以後の併給の特例

(1) 老齢基礎年金の併給

受給者が65歳に達すると、受給者名義の老齢基礎年金が受給できるようになることから、受給の選択肢が広がり、前記で述べた組合せに加え、支給事由の異なる遺族給付と老齢基礎年金との併給が可能となります。

なお、老齢基礎年金を繰り上げて65歳前から受給している場合であっても、65歳に達した後からしか、こうした選択はできません（厚年法38条）。

⑵　老齢厚生年金と遺族給付の併給

65歳以上の老齢厚生年金の受給者が配偶者の死亡による遺族厚生年金の受給権も併せて有するときに選択肢に加えられるもので、先ず本人の保険料納付の実績が反映する老齢厚生年金を優先して老齢基礎年金とともに受給したうえで、次に①「配偶者の死亡による遺族厚生年金」と②「本人の老齢厚生年金の2分の1＋ 配偶者の死亡による遺族厚生年金の3分の2(配偶者の生前の老齢厚生年金の2分の1に相当）」のいずれか高い金額が遺族厚生年金の額となり(厚年法60条）、その額から老齢厚生年金相当額（在職中等で年金の全部又は一部が支給停止されている場合には、停止前の額）を控除（老齢厚生年金相当額を支給停止する趣旨）した金額を実際に遺族厚生年金として受給することになります（厚年法64条の2）。もちろん、遺族厚生年金の額が老齢厚生年金の額より低額の場合には、遺族厚生年金は全額が支給停止されます。

⑶　障害基礎年金の併給

障害者が自ら働きながら、保険料を負担した期間に応じた年金が受けられるよう、65歳以後は、「老齢厚生年金 ＋ 障害基礎年金」の併給及び「遺族厚生年金 ＋ 障害基礎年金」の併給が可能となります。

なお、併給によって①老齢厚生年金の子の加給年金額と障害基礎年金の子の加算額及び②遺族厚生年金の経過的加算額と障害基礎年金との重複受給が起こるので、この場合はいずれも障害基礎年金を優先させ、老齢厚生年金の子の加給年金額や遺族厚生年金の経過的加算額の支給を停止することになっています（厚年法44条1項ただし書等）。

(4) 厚生年金給付と基礎年金給付の併給の組合せ

厚生年金と基礎年金の併給の組合せには次のようなパターンが考えられます(厚年法38条)。

ア　老齢厚生年金 ＋ 老齢基礎年金

イ　遺族厚生年金 ＋ 老齢基礎年金（65歳以後）

ウ　老齢厚生年金 ＋ 遺族厚生年金 ＋ 老齢基礎年金（65歳以後）

この場合、遺族厚生年金の支給額は老齢厚生年金額相当額を支給停止した額となります。

エ　障害厚生年金 ＋ 障害基礎年金

オ　老齢厚生年金 ＋ 障害基礎年金（65歳以後）

カ　遺族厚生年金 ＋ 障害基礎年金（65歳以後）

キ　遺族厚生年金 ＋ 遺族基礎年金

（参考）離婚時の厚生年金の分割制度概要

合意分割と３号分割の比較

事　　項	合　意　分　割 （平成19年4月1日施行）	３　号　分　割 （平成20年4月1日施行）
年金の分割対象	報酬比例部分	同左
分割対象期間	婚姻期間(施行日前の婚姻期間も含む)	平成20年4月以後の被扶養配偶者期間 （第3号被保険者期間）
分割割合	一定の基準で評価した対象期間標準報酬等総額の夫婦の合計額の 50％が上限(当事者の合意又は裁判手続きにより定められた	一律50％

	分割割合)	
対象となる離婚	平成19年4月以降の離婚	平成20年5月以降の離婚(離婚の前月分までが分割対象のため)
分割の請求者	当事者の一方	被扶養配偶者のみ
請求期限	原則離婚後2年以内	同左
分割方法	婚姻期間中の被保険者期間に係る標準報酬月額及び標準賞与額を分割	平成20年4月以後の被扶養配偶者期間に係る被保険者の標準報酬月額及び標準賞与額を分割
分割の効果	分割分を自分自身の老齢厚生年金として受給(増額又は新規受給)	同左

障害厚生年金の分割については、老齢厚生年金の取扱いと異なる部分があります。

複数の種別の厚生年金被保険者期間を有している場合の離婚分割による標準報酬の改定請求は、全ての種別の被保険者期間に対して同時に行わなければなりません（厚年法78条の35）。

この結果、例えば按分割合を50％と仮定し、按分の対象となる夫の標準報酬記録が第1号厚生年金被保険者期間分800万円、第2号厚生年金被保険者期間分200万円の合計1,000万円、同じく妻の標準報酬記録が第1号厚生年金被保険者期間分500万円、第2号厚生年金被保険者期間分300万円の合計800万円とした場合、夫の100万円を妻に分割することになりますので、夫の標準報酬記録から8：2の割合で第1号厚生年金被保険者期間分80万円と第2号厚生年金被保険者期間分20万円をそれぞれ分割することとなります。

第２節　退職等年金給付（新３階給付）の概要

第１　退職等年金給付の共通事項

退職等年金給付とは

被用者年金制度の一元化に伴い「職域加算額」は廃止されましたが、民間では企業年金を有する企業が過半を占めていることなどを考慮して、平成27年10月より、公務員制度の一環として共済制度の中に「退職等年金給付」制度が設けられました。

なお、「退職等年金給付」は公的年金制度の３階部分という設計では、廃止された「職域加算額」と同じ位置づけですが、次のような点が大きく異なっています。

■「職域加算額」が、社会保障制度の一環としての給付（公的年金給付の一部）であったのに対し、「退職等年金給付」は公務員制度の一環としての給付（いわゆる退職金を含めた退職給付）であること

■「職域加算額」の財政方式が、必要な費用をその時々の保険料・積立金・運用収入で賄う賦課方式の考え方を採り入れたものであったのに対し、「退職等年金給付」の財政方式は必要な費用を組合員である間に積み立てておく積立方式であること

■「職域加算額」の全額が終身年金であったのに対し、「退職等年金給付」は半分を終身年金、残り半分を240月又は120月の有期年金（一時金の選択も可）としていること

退職等年金給付に関する基本的な事項

⑴　適用対象者

原則として、組合員全員に適用があります。ただし例外として、はじめから長期の任用が予定しにくい国共済法第72条第2項に規定するいわゆる「短期組合員」については適用対象から除外されています。

なお、厚生年金保険給付（公的年金部分）は、70歳到達をもって被保険者を脱退することとされていますが、退職等年金給付に関しては、加入の上限年齢はなく、在職中、組合員資格が継続します。

⑵　退職等年金給付の種類

退職等年金給付は、次の3種類です（国共済法74条）。

①退職年金

②公務障害年金

③公務遺族年金

従来の共済年金と異なり、いわゆる通勤災害による障害及び死亡を支給事由とする障害年金及び遺族年金は設計されていません（退職年金は受給できます。また公的年金給付として障害及び死亡を支給事由とする2階部分の障害厚生年金及び遺族厚生年金は受給できます）。

なお、退職年金については、さらに、㋐終身退職年金と㋑有期退職年金（一時金での受給も可）の2つに区分されます（国共済法76条、79条の2等）。

また、組合員期間が1年以上で退職等年金給付を請求していない退職者が、厚生年金保険のいわゆる短期在留外国人に対する脱退一時金（167頁参照）の請求をしたときは、この脱退一時金と同様に退職等年金給付制度における一時金を請求することができることとされています（国共済法附則13条の2）。

(3) 退職等年金給付の決定・支払者及び支給期月

退職等年金給付は、受給権者の請求に基づいて連合会が決定し、及びその支払いを行います（国共済法39条、75条の2）。

年金は、その給付事由が生じた日の属する月の翌月から給付事由のなくなった日の属する月までの分が支給されますが、年6回偶数月（支給期月）に前月までの2か月分が支給されます。ただし、受給権が消滅したときや支給停止事由が生じたときは、支給期月にかかわらず該当月までの分が支給されます。いずれも厚生年金保険給付(2階部分)と同様です。

(4) 掛金及び負担金の拠出

退職等年金給付が積立方式の給付であるため、報酬(賞与を含みます)を受ける毎に組合員は掛金を掛け、事業主は同じ額の負担金を負担します。この掛金の額を算定するための率（掛金率）は、連合会の定款で定めることとされており（国共済法99条2項3号、100条3項及び4項、102条等）、令和6年4月1日現在0.75%とされていますので、負担金と合わせると1.5%となります。

なお、掛金は、標準報酬月額及び標準期末手当等の額に掛金率を乗じて算定されており、標準報酬月額にあっては65万円、標準期末手当等の額にあっては月150万円が上限金額とされています（16頁第1章医療・年金保険制度の基本体系の第3節「標準報酬等」参照）。

組合員が育児休業や産前産後休業を取得し、本人が希望した場合には、その期間中の掛金と負担金については、厚生年金と同様に免除される特例があります（国共済法100条の2、100条の2の2、102条）。

(5) 年金の支給停止

■在職中の支給停止

厚生年金保険給付と異なり、退職年金と公務障害年金については、在職中は全額支給停止（有期退職年金は支給中断）とされ、在職中支給制度(いわゆる在老制度）は設けられていません（国共済法81条、87条）。

なお、この者が再び退職した場合には、再就職期間中の経過利子相当額及び再就職期間に追加された付与額とそれに係る利子相当額が加算されて、終身退職年金算定基礎額及び有期退職年金算定基礎額（190頁参照）が増加するため、退職年金の受給が再開された際には、終身退職年金及び有期退職年金の両方が増額されることとなります。

また、有期退職年金については、再就職した時点で支給が中断されているため、再退職時には、支給中断となる前の支給残月数分の支給が再開されます。

■申出による支給停止

厚生年金保険給付と同様に、退職等年金給付では受給権者の申出により、将来その申出が撤回されるまでの間、支給を停止することができます。なお、この場合、支給停止された年金については、遡って支給されることはありません（国共済法75条の5）。

この場合、有期退職年金については、前記「在職中の支給停止」と異なり、この申出による支給停止中、支給残月数は毎月減少していきます。

■併給調整による支給停止

退職年金と公務障害年金等複数の退職等年金給付の受給権が生じたときは、本人の選択によりそのいずれかを受給することとなり、重複して退職等年金給付を受給することはできません。ただし、例外として退職年金と公務遺族年金は併給が可能です（国共済法75条の4、国共済法施行令15条の2）。この選択は将来に向かっていつでも変更が可能です。

また、厚生年金保険給付（2階部分）と退職等年金給付（新3階部分）は支給事由が揃っていなくても差しつかえないこととされており、例えば、障害厚生年金(2階部分) + 退職年金 (新3階部分) という組み合わせも選択することができます。

■懲戒処分等による支給停止 (給付制限)

退職等年金給付は、㋐禁錮以上の刑に処せられた場合、㋑懲戒処分によって退職した場合、㋒停職又はこれに相当する処分を受けた場合又は㋓退職後に在職期間中の行為に係る刑事事件について禁錮以上の刑に処せられる等により退職手当の支給制限を受けた場合には、併給調整等により年金の全部が支給停止されている月を除き、通算して60月間、年金額の全部又は一部の支給が停止 (給付制限) されます (国共済法97条、国共済法施行令21条の2)。

(6) 税法上の取扱い

■掛金

報酬 (賞与を含みます) を受けるごとに組合員が掛ける掛金は、所得税法上、その全額が社会保険料控除の対象となります (所得税法 74 条)。

■退職年金 (遺族に対する一時金を除きます)

退職年金 (遺族に対する一時金を除きます) は、所得税法上、雑所得 (公的年金等控除の対象) として取り扱われます (所得税法 35 条)。なお、有期退職年金を一時金として受給することを選択した場合の一時金及び整理退職をした際に選択した一時金については、退職手当等とみなされ、退職所得となります (所得税法31条1号)。

■公務障害年金

公務障害年金は、所得税法上、非課税となります (国共済法 49 条)。

■遺族に対する一時金 (退職年金) 及び公務遺族年金

遺族に対する一時金及び公務遺族年金は、相続税法上「退職手当金等」として取り扱われ、相続税の課税対象となります (相続税法 3 条 1 項 4

号）ので、所得税法上は、非課税（所得税法9条1項16号）とされています。

付与率、基準利率、給付算定基礎額、年金現価率

■付与率（率の見直し時期・おおむね5年ごとに行われる再計算時）

保険料のうち公務給付分及び事務費等の諸コストを除いたものを標準報酬月額及び標準期末手当等の額に対する率で表示したもので、将来の退職年金の財源として毎月積み立てられる原資です。具体的には連合会の定款で定められ、おおむね5年ごとに行われる財政再計算の際に率の見直しが行われます。現在は、運用益等を考慮して、保険料率（掛金率の2倍）と同率の1.5%とされています。

標準報酬月額と掛金額及び付与率の関係は次のようになります。

標準報酬等級	標準報酬月額	掛金額（0.75%）	付与額（1.5%）
1級	88,000円	660円	1,320円
5級	118,000円	885円	1,770円
10級	160,000円	1,200円	2,400円
15級	220,000円	1,650円	3,300円
20級	320,000円	2,400円	4,800円
25級	440,000円	3,300円	6,600円
32級	650,000円	4,875円	9,750円

上記は、令和6年4月1日現在の掛金率及び付与率をもとに計算されたものです。

■基準利率（率の見直し時期・毎年10月1日）

1年平均及び5年平均の国債の利回りを基礎として、積立金の運用状況、その見通し等を勘案して、連合会の定款で定められます。

この基準利率(年率)は、平成27年10月から28年9月までは0.48%、平成28年10月から29年9月までは0.32%、平成29年10月から30年9月までは0.00%、平成30年10月から令和2年9月までは0.06%、令和2年10月から4年9月までは0.00%、令和4年10月から5年9月までは0.02%、令和5年10月から6年9月までは0.07%とされております。

■給付算定基礎額

組合員期間の計算の基礎となる各月ごとに累積された付与額及び期末手当等の支給月ごとに累積された付与額と付与額の積立月から退職等年金給付の支給事由が生じた日の前日（一般には65歳の誕生日の前々日）の属する月までの期間に応じ、基準利率により複利計算の方法で計算した利子の総額をいいます。標準報酬月額等の再評価や物価スライドはありませんので、それによる年金額の改定は行われません（賃金や物価の変動等により基準利率が変わり、その影響で給付算定基礎額が変わることはあります）。

（給付算定基礎額の計算の考え方）

例えば、標準報酬月額410,000円で40歳の誕生月に積み立てた付与額を65歳の誕生月の前月まで0.07%の基準利率で複利計算した場合

付与額　410,000円×1.5%＝6,150円

給付算定基礎額　6,150円×1.0007の25乗＝6,150円×1.017648＝6,259円

となります。

付与額（6,150円）に複利計算による利子相当額（109円）を加えたものがひと月分の給付算定基礎額となり、こうした計算を累積したものが年金額計算の基礎となる給付算定基礎額となります。

ちなみに、標準報酬の月額平均405,000円、組合員期間（＝積立期間）40年、60歳の年度末定年退職、年金の支給開始65歳を前提とした平成30年財政再計算によるモデルでは給付算定基礎額（期末手当等に係る付与額は含みます）は約3,904千円（うち積み立てた付与額約3,844千円、利子相当額

約60千円）と試算されていますので、この2分の1の約1,952千円がそれぞれ終身退職年金に係る給付算定基礎額（以下「**終身退職年金算定基礎額**」といいます）及び有期退職年金に係る給付算定基礎額（以下「**有期退職年金算定基礎額**」といいます）ということになります。

特　例　**子を養育する者等の給付算定基礎額の特例**

3歳未満の子を養育することとなった日の属する月からその子が3歳に達した日等の属する月までの標準報酬月額がその養育前の金額より下回る組合員は、本人の申出に基づき、掛金額の算定基礎となる標準報酬月額と関係なしに、養育前の金額を、その間の付与額の算定の基礎となる標準報酬月額とすることができます（国共済法75条の3）。

■**年金現価率**（率の見直し時期・毎年10月1日）

終身退職年金の算定に用いる**終身年金現価率**と有期退職年金の算定に用いる**有期年金現価率**があります。

終身年金現価率は、基準利率、死亡率の状況及びその見通し等を勘案して、終身にわたり一定額の年金額を支給することとした場合の年金額を計算するための率をいいます。平均支給年数をイメージすればわかりやすいと思います。毎年9月30日までに連合会の定款で定められます。

また、有期年金現価率は、支給残月数に相当する月数に応じて月単位で設定されます。設定に当たっては基準利率等が勘案され、支給残月数の期間においておおむね一定額の年金を受給することとした場合の年金額を計算するための率をいいます。この率も毎年9月30日までに連合会の定款で定められます（令和5年10月1日から令和6年9月30日までの期間に適用される各率は203～205頁参照）。

重要ポイント

退職等年金給付の算定基礎となるこれらの情報については、組合員には毎年6月頃に、また退職者には該当年（退職時、35歳、45歳、59歳、63歳）

の翌年度の6月頃に各個人ごとに通知が行われることとされています（国共済法施行規則119条の10）。

第2　退　職　年　金

退職年金の種類

退職年金は、受給期間を終身とする「終身退職年金」と、受給期間を240月とする「有期退職年金」に区分され、年金の2分の1を「終身退職年金」、残りの2分の1を「有期退職年金」として受給することとなります。

なお、「有期退職年金」については、受給権者の申出（給付事由が生じてから6月以内に、退職年金の請求と同時に行う必要があります）により受給期間を120月とすることができます（国共済法76条）。

さらに「有期退職年金」は、給付事由が生じてから6か月以内に、退職年金の請求と同時に行うことにより一時金として受給することも可能です（国共済法79条の2）。

退職年金の受給要件

退職年金は、次に掲げるすべての要件を満たしている場合に受給することができます（国共済法77条）。

ア）65歳以上であること

イ）退職していること

ウ）1年以上の引き続く組合員期間を有していること

受給開始年齢は、原則として65歳です。ただし、受給権者の請求により65歳より前に繰り上げることや、申出により受給開始を65歳より後ろに繰り下げることも可能です（199頁「65歳前からの退職年金の受給開始（繰上げ受給）」及び200頁「65歳を超えてからの退職年金の受給開始（繰下げ受給）」参照）。

経過措置　**「1年以上の引き続く組合員期間」のとらえ方**

退職等年金給付制度が平成27年10月1日に創設されたことから、同日をまたいで在職している組合員の前頁「ウ」の要件については、同日に引き続く同日前の組合員期間も含めて「1年以上の引き続く組合員期間を有している」かどうかを判断することとされています。

終身退職年金の年金額

(1) 当初決定時の終身退職年金の年金額（国共済法78条1項、2項）

当初決定時の終身退職年金の年金額は、次の計算式で計算され、その年の9月30日まで（受給権が9月1日から12月31日までの間に生じた場合には、翌年の9月30日まで）の年金額となります。

この場合、原則として給付算定基礎額の2分の1の額を終身退職年金算定基礎額として終身退職年金の年金額の計算が行われますが、組合員期間が10年未満の場合には、給付算定基礎額の4分の1の額を終身退職年金算定基礎額として年金額が計算されます。したがって、年金額は10年以上の場合の半分となります。

経過措置　**「組合員期間が10年以上」のとらえ方**

退職等年金給付制度が創設された平成27年10月1日前の組合員期間がある場合には、同日前の組合員期間も含めて「組合員期間が10年以上」かどうかを判断することとされています。この場合には、組合員期間が平成27年10月1日の前後に引き続いている必要はなく、離れている期間もカウントされます。

【計算式】

$$終身退職年金額 = \frac{終身退職年金算定基礎額}{受給権者の年齢区分に応じた終身年金現価率}$$

（注１）組合員期間が 10 年未満の場合の終身退職年金算定基礎額は、給付算定基礎額の１／４の額となります。

（注２）受給権者の年齢区分は、受給権が発生した前年3月末日（受給権の発生が10月1日～12月31日の場合は、その年の3月末日）における年齢 ＋1歳。たとえば、令和6年5月20日に65歳となる者の当初決定時の年齢区分は64歳となります（「終身年金現価率表」は203頁参照）。

⑵ 終身退職年金の年金額の改定（国共済法 78 条 1 項、3 項）

終身退職年金は、毎年 10 月 1 日に、受給権者の年齢区分（3 月 31 日現在の受給権者の年齢に 1 歳を加えた年齢を基準とした区分をいいます）に応じた終身年金現価率により、次の計算式を用いて改定されます。

【計算式】

$$終身退職年金額 = \frac{9月30日における終身退職年金額 \times 受給権者の年齢区分に応じた終身年金現価率}{10月1日における受給権者の年齢区分に応じた終身年金現価率}$$

たとえば、上記⑴の場合に終身退職年金基礎額を 1,952,100 円、64 歳時の終身年金現価率を 23.652307 とすると、年金額は

1,952,100 円÷23.652307＝82,533 円によって 82,500 円（100 円未満の端数四捨五入）となります。

次に、10 月からの改定は、82,533 円×22.821764（3 月 31 日現在の年齢に

1歳を加えた65歳の年齢区分に応じた終身年金現価率）÷22.821764（同）≒82,500円となり、終身年金現価率の見直しがなければ、年金額は同額となります（仮に平均余命の伸び等によって終身年金現価率が0.5％上がって22.935873となった場合は、年金額は82,533円×22.821764÷22.935873＝82,122円≒82,100円となり、0.5％下がります）。

※　一般に、平均余命が伸びると終身年金現価率（分母）は大きくなるので、年金額は減額改定され、また、基準利率が高くなると終身年金現価率（分母）は小さくなるので、年金額は増額改定されるという傾向になります。

有期退職年金の年金額

(1)　当初決定時の有期退職年金の年金額（国共済法79条1項、2項）

当初決定時の有期退職年金の年金額は、次の計算式で計算され、その年の9月30日まで（受給権が9月1日から12月31日までの間に生じた場合には、翌年の9月30日まで）の年金額となります。

この場合、原則として給付算定基礎額の2分の1の額を有期退職年金算定基礎額として有期退職年金の年金額の計算が行われますが、組合員期間が10年未満の場合には、給付算定基礎額の4分の1の額を有期退職年金算定基礎額として年金額が計算されます。したがって、年金額は10年以上の場合の半分となります。

経過措置　**「組合員期間が10年以上」のとらえ方**

退職等年金給付制度が創設された平成27年10月1日前の組合員期間がある場合には、同日前の組合員期間も含めて「組合員期間が10年以上」かどうかを判断することとされています。この場合には、組合員期間が平成27年10月1日の前後に引き続いている必要はなく、離れている期間もカウントされます。

【計算式】

$$有期退職年金額 = \frac{有期退職年金算定基礎額}{支給残月数の区分に応じた有期年金現価率}$$

（注１）組合員期間が 10 年未満の場合の有期退職年金算定基礎額は、給付算定基礎額の 1／4 の額となります。

（注２）支給残月数は、当初決定時は240月（支給期間120月を選択した場合は、120月）となります（「有期年金現価率表」は204・205頁参照）。以後は、給付事由の生じた月の翌月から9月30日までの支給済月数を240月から控除した月数となります。

(2) 有期退職年金の年金額の改定（国共済法 79 条 1 項、3 項）

有期退職年金は、毎年 10 月 1 日に、支給残月数（同日における受給権者の支給残月数をいいます）の区分に応じた有期年金現価率により、次の計算式を用いて改定されます。

【計算式】

$$有期退職年金額 = \frac{9月30日における有期退職年金額 \times 支給残月数の区分に応じた有期年金現価率}{10月1日における支給残月数の区分に応じた有期年金現価率}$$

たとえば、終身退職年金と同様、令和 6 年 5 月 20 日に 65 歳となる者の有期退職年金基礎額を 1,952,100 円、当初決定時の有期年金現価率（支給残月数 240 月）を 19.859541 とすると、年金額は
1,952,100 円÷19.859541＝98,295 円によって 98,300 円（100 円未満の端数四捨五入）となります。

次に、10 月からの改定は、令和 6 年 5 月に給付事由が発生しているの

で98,295円×19.530822(10月１日現在の支給残月数(240月－４月＝236月)の区分に応じた有期年金現価率）÷19.530822（同）≒98,300円となり、有期年金現価率の見直しがなければ、年金額は同額となります。

※　一般に、基準利率が高くなると有期年金現価率（分母）は小さくなるので、年金額は増額改定されるという傾向になります。

有期退職年金に代わる一時金等

有期退職年金は、次に掲げるいずれかの場合に該当するときは、年金に代えて一時金として受給することが可能です。また、組合員又は組合員であった者が有期退職年金を受給しないまま死亡した場合や有期退職年金の受給期間が満了しない状態で死亡した場合にも、遺族に一時金が支給されます。なお、終身退職年金については、一時金を選択することはできません。

ア　有期退職年金の受給権者が希望した場合

イ　１年以上の引き続く組合員期間を有する65歳（当分の間60歳）未満の整理退職者が希望した場合

ウ　１年以上の引き続く組合員期間を有する者で退職年金を受給していない者が死亡した場合

エ　有期退職年金受給者が死亡した場合

（注）ウ及びエは、遺族が一時金の受給権者となります。

(1)　有期退職年金の受給権者が希望した場合（前記ア）（国共済法79条の2）

受給権を有する者が、有期退職年金の給付事由発生後６月以内に、終身退職年金の請求と同時に請求することにより、有期退職年金に代えて一時金を受給することができます。

一時金額 ＝ 給付事由発生日における有期退職年金算定基礎額

⑵ １年以上の引き続く組合員期間を有する65歳（当分の間60歳）未満の整理退職者が希望した場合（前記イ）（国共済法79条の3、附則14条）

いわゆる整理退職した場合に、その退職後6月以内に該当者が請求することにより、有期退職年金に代えて一時金を受給することができます。なお、「1年以上の引き続く組合員期間」については、平成27年10月1日に引き続く同日前の組合員期間も含めて判断されます。

一時金額 ＝ 整理退職による退職日における給付算定基礎額 × 1/2

⑶ １年以上の引き続く組合員期間を有する者で退職年金を受給していない者が死亡した場合（前記ウ）（国共済法79条の4第1項1号）

1年以上の引き続く組合員期間を有する者で退職年金を受給していない者が死亡した場合には、その者が受給するはずであった有期退職年金に代えて、その者の遺族が一時金を受給することとなります。なお、「1年以上の引き続く組合員期間」については、平成27年10月1日に引き続く同日前の組合員期間も含めて判断されます。

この一時金と公務遺族年金が重複するときは、遺族が選択するいずれか一方のみを受給することとなります（国共済法79条の4第3項）。

一時金額 ＝ 死亡した日における給付算定基礎額 × 1/2

なお、死亡した者が既に、⑵の整理退職による一時金を受給している場合には、上記の計算式による金額から既に受給した金額に利子相当額を加算した額を控除した金額が、一時金の額となります(国共済法施行令18条の2第1項）。

(4)　有期退職年金受給者が死亡した場合（前記エ）

（国共済法 79 条の４第１項２号、３号）

有期退職年金を受給している者が死亡した場合には、その者が受給するはずであった有期退職年金に代えて、その者の次に掲げる区分に応じた一時金を遺族が受給することとなります。

これは、死亡者の有期退職年金の未受給分を遺族が受給するという趣旨ですが、この場合も(3)同様、一時金と公務遺族年金が重複するときは、遺族の選択するいずれか一方のみを受給することになります。

①　受給権者で、かつ、組合員である場合（国共済法 79 条の４第１項３号、国共済法施行令 18 条の２第２項）

一時金額 ＝（再就職した前日における有期退職年金 × 支給残月数の区分に応じた有期年金現価率）
＋ 再就職期間に係る利子
＋ 再就職期間に係る有期退職年金算定基礎額

②　上記①に該当しない場合（国共済法 79 条の４第１項２号）

一時金額 ＝ 死亡した日における有期退職年金 × 支給残月数に応じた有期年金現価率

なお、(3)及び(4)の場合の一時金を受けることができる遺族の範囲は、原則として遺族厚生年金を受給することができる遺族の範囲と一致しています（国共済法２条１項３号、同条３項。163 頁「遺族の範囲」参照）

65 歳前からの退職年金の受給開始（繰上げ受給）

当分の間、１年以上の組合員期間を有し、かつ、退職している者については、本人の請求に基づき、退職年金の受給開始を 60 歳以上 65 歳に達する日の前日までの希望するときからに変更することができます（繰上げ受給。国共済法附則 13 条）。この請求は、終身退職年金と有期退職年金を同時に行う必要があり、どちらか一方のみを繰上げ受給する請求は認められません。

この場合の年金額は、給付算定基礎額を計算する際の利子相当額が請求時点までしか計算できないことから、その分、終身退職年金算定基礎額と有期退職年金算定基礎額が 65 歳からの受給に比べ減額になることに加え、終身退職年金については一般に終身年金現価率も大きくなる（例えば、65 歳の終身年金現価率は 22.821764 ですが 60 歳ではこれが 27.052936 となり、この率を分母にして終身退職年金算定基礎額を割ることになるため、5 年早く受給できる代わりに、現価率の差だけで約 16％の減額となります）ので、結果として、1 年間に受給する退職年金の総額が減少することとなります。

なお、有期退職年金については、繰上げ受給の請求と同時に一時金受給の請求をすることができますので、有期退職年金部分のみ一時金として受給することも可能です（国共済法施行令附則 7 条）。

65 歳を超えてからの退職年金の受給開始（繰下げ受給）

退職年金の受給権者は、申出（申出の時点で退職年金の請求を行っていない場合に限られます）に基づき、退職年金の受給開始を、65 歳を超え 75 歳に達する日の前日までの希望するときからに変更することができます（繰下げ受給。国共済法 80 条）。この申出は、前述の繰上げ受給と同様、終身退職年金と有期退職年金を同時に行う必要があります。

なお、この場合の年金額は、給付算定基礎額を計算する際の利子相当額が受給申出時点まで計算されることから、その分終身退職年金算定基礎額及び有期退職年金算定基礎額が65歳からの受給に比べ増加することに加え、終身退職年金については一般に終身年金現価率も小さくなる（例えば、65歳の終身年金現価率は22.821764ですが70歳ではこれが18.708053となり、この率を分母にして終身退職年金算定基礎額を割ることになるため、受給期間が5年短くなる代わりに、原価率の差だけで約22％の増額となります）ので、結果として、1年間に受給する退職年金の総額が増加することになります。

また、有期退職年金については、繰下げ受給の申出と同時に一時金受給の請求をすることができますので、有期退職年金部分のみ一時金として受給することも可能です（国共済法施行令19条）。

退職年金の失権

終身退職年金を受ける権利は、受給権者が死亡したときにその権利が消滅します。

また、有期退職年金を受ける権利は、受給権者が死亡したときにその権利が消滅するほか、次のいずれかに該当したときに消滅することとされています（国共済法82条）。

ア　有期退職年金の受給期間が満了したとき

イ　一時金の請求をしたとき

その他

終身退職年金及び有期退職年金は、標準報酬月額等の分割をする、いわゆる離婚分割（合意分割・3号分割）の対象とはされていません。

また、退職等年金給付には、公務外や通勤災害が原因で障害となり、又は死亡した場合の給付が設計されていません。

もちろん公務外や通勤災害が原因で障害となり、又は死亡した場合には、いわゆる２階部分の障害厚生年金や遺族厚生年金は支給されますが、３階部分の本人給付としては一定の年齢に達した後に退職年金が支給され、また遺族給付としては前述のとおり有期退職年金の未支給分が一時金として遺族に支給されるしくみがあるだけです。

平成30年財政再計算によるモデル年金

（前提）

	制度加入時20歳	制度加入時40歳
標準報酬月額の月平均額(期末手当等を含まず)	40.5万円	48万円
組合員期間	40年	20年
受給開始	65歳	65歳
有期退職年金受給期間	20年	20年

※　付与率はいずれも1.5%、基準利率はいずれも0.07%とします。

モデル年金

	制度加入時20歳	制度加入時40歳
給付算定基礎額	3,904,148円	2,348,289円
年金現価率　終身	22.821764	22.821764
有期	19.859541	19.859541
終身退職年金額 (月額)	85,500円 (7,125円)	51,400円 (4,283円)
有期退職年金額 (月額)	98,300円 (8,191円)	59,100円 (4,925円)
退職年金（新3階）計 (月額)	**183,800円 (15,316円)**	**110,500円 (9,208円)**
(参考) 有期分を一時金で受給	1,952,100円	1,174,100円

誌面の都合上、公務障害年金及び公務遺族年金の解説は省略しています。詳細については「年金一元化後の公務員のあたらしい年金制度」(共済組合連盟発行)をご覧ください。

終身年金現価率表と有期年金現価率表

■終身年金現価率表（適用期間：令和5年10月1日～令和6年9月30日）

年　齢	終身年金現価率	年　齢	終身年金現価率
59歳	27.920525	88歳	6.131085
60歳	27.052936	89歳	5.672201
61歳	26.190945	90歳	5.241577
62歳	25.336324	91歳	4.837081
63歳	24.490221	92歳	4.460062
64歳	23.652307	93歳	4.114462
65歳	22.821764	94歳	3.803539
66歳	21.999069	95歳	3.526961
67歳	21.172617	96歳	3.280608
68歳	20.349442	97歳	3.059174
69歳	19.528251	98歳	2.858327
70歳	18.708053	99歳	2.675228
71歳	17.889388	100歳	2.507872
72歳	17.074465	101歳	2.354662
73歳	16.266522	102歳	2.214142
74歳	15.468681	103歳	2.084990
75歳	14.682560	104歳	1.966017
76歳	13.908449	105歳	1.856112
77歳	13.146696	106歳	1.754172
78歳	12.398006	107歳	1.658957
79歳	11.663450	108歳	1.568806
80歳	10.945361	109歳	1.480994
81歳	10.246958	110歳	1.390196
82歳	9.571182	111歳	1.284755
83歳	8.920861	112歳	1.137072
84歳	8.298737	113歳	0.877821
85歳	7.707054	114歳	0.823698
86歳	7.147532	115歳	0.734083
87歳	6.622082	116歳以上	0.541623

■有期年金現価率表①（適用期間：令和 5 年 10 月 1 日～令和 6 年 9 月 30 日）

支給残月数	有期年金現価率	支給残月数	有期年金現価率	支給残月数	有期年金現価率	支給残月数	有期年金現価率
1 月	0.083328	31 月	2.580852	61 月	5.074010	91 月	7.562810
2 月	0.166647	32 月	2.664025	62 月	5.157037	92 月	7.645693
3 月	0.249966	33 月	2.747198	63 月	5.240065	93 月	7.728575
4 月	0.333275	34 月	2.830361	64 月	5.323083	94 月	7.811448
5 月	0.416584	35 月	2.913525	65 月	5.406101	95 月	7.894321
6 月	0.499883	36 月	2.996679	66 月	5.489110	96 月	7.977184
7 月	0.583183	37 月	3.079832	67 月	5.572118	97 月	8.060048
8 月	0.666472	38 月	3.162976	68 月	5.655117	98 月	8.142901
9 月	0.749762	39 月	3.246120	69 月	5.738115	99 月	8.225755
10 月	0.833042	40 月	3.329255	70 月	5.821105	100 月	8.308599
11 月	0.916322	41 月	3.412389	71 月	5.904094	101 月	8.391443
12 月	0.999592	42 月	3.495514	72 月	5.987073	102 月	8.474277
13 月	1.082862	43 月	3.578638	73 月	6.070052	103 月	8.557112
14 月	1.166123	44 月	3.661753	74 月	6.153022	104 月	8.639936
15 月	1.249383	45 月	3.744868	75 月	6.235992	105 月	8.722761
16 月	1.332634	46 月	3.827973	76 月	6.318952	106 月	8.805576
17 月	1.415885	47 月	3.911079	77 月	6.401912	107 月	8.888391
18 月	1.499126	48 月	3.994174	78 月	6.484862	108 月	8.971196
19 月	1.582367	49 月	4.077270	79 月	6.567812	109 月	9.054001
20 月	1.665598	50 月	4.160356	80 月	6.650753	110 月	9.136797
21 月	1.748829	51 月	4.243442	81 月	6.733694	111 月	9.219593
22 月	1.832051	52 月	4.326518	82 月	6.816624	112 月	9.302379
23 月	1.915273	53 月	4.409594	83 月	6.899555	113 月	9.385165
24 月	1.998485	54 月	4.492660	84 月	6.982477	114 月	9.467941
25 月	2.081697	55 月	4.575727	85 月	7.065398	115 月	9.550718
26 月	2.164899	56 月	4.658784	86 月	7.148310	116 月	9.633484
27 月	2.248101	57 月	4.741841	87 月	7.231221	117 月	9.716251
28 月	2.331294	58 月	4.824888	88 月	7.314123	118 月	9.799008
29 月	2.414486	59 月	4.907935	89 月	7.397025	119 月	9.881765
30 月	2.497669	60 月	4.990972	90 月	7.479918	120 月	9.964513

■有期年金現価率表②（適用期間：令和 5 年 10 月 1 日～令和 6 年 9 月 30 日）

支給残月数	有期年金現価率	支給残月数	有期年金現価率	支給残月数	有期年金現価率	支給残月数	有期年金現価率
121 月	10.047260	151 月	12.527368	181 月	15.003141	211 月	17.474586
122 月	10.129998	152 月	12.609961	182 月	15.085589	212 月	17.556891
123 月	10.212736	153 月	12.692554	183 月	15.168038	213 月	17.639195
124 月	10.295464	154 月	12.775138	184 月	15.250477	214 月	17.721491
125 月	10.378192	155 月	12.857721	185 月	15.332916	215 月	17.803786
126 月	10.460910	156 月	12.940295	186 月	15.415346	216 月	17.886071
127 月	10.543629	157 月	13.022869	187 月	15.497776	217 月	17.968357
128 月	10.626338	158 月	13.105433	188 月	15.580196	218 月	18.050632
129 月	10.709046	159 月	13.187997	189 月	15.662616	219 月	18.132908
130 月	10.791746	160 月	13.270552	190 月	15.745026	220 月	18.215175
131 月	10.874445	161 月	13.353107	191 月	15.827436	221 月	18.297441
132 月	10.957134	162 月	13.435652	192 月	15.909837	222 月	18.379698
133 月	11.039824	163 月	13.518197	193 月	15.992238	223 月	18.461954
134 月	11.122504	164 月	13.600732	194 月	16.074629	224 月	18.544201
135 月	11.205184	165 月	13.683267	195 月	16.157020	225 月	18.626449
136 月	11.287854	166 月	13.765793	196 月	16.239401	226 月	18.708686
137 月	11.370524	167 月	13.848319	197 月	16.321783	227 月	18.790924
138 月	11.453185	168 月	13.930835	198 月	16.404155	228 月	18.873152
139 月	11.535845	169 月	14.013351	199 月	16.486527	229 月	18.955379
140 月	11.618496	170 月	14.095858	200 月	16.568889	230 月	19.037598
141 月	11.701147	171 月	14.178364	201 月	16.651251	231 月	19.119816
142 月	11.783789	172 月	14.260861	202 月	16.733604	232 月	19.202025
143 月	11.866430	173 月	14.343358	203 月	16.815957	233 月	19.284234
144 月	11.949062	174 月	14.425845	204 月	16.898300	234 月	19.366433
145 月	12.031693	175 月	14.508332	205 月	16.980643	235 月	19.448632
146 月	12.114315	176 月	14.590810	206 月	17.062976	236 月	19.530822
147 月	12.196937	177 月	14.673288	207 月	17.145310	237 月	19.613011
148 月	12.279550	178 月	14.755756	208 月	17.227634	238 月	19.695191
149 月	12.362162	179 月	14.838224	209 月	17.309958	239 月	19.777371
150 月	12.444765	180 月	14.920682	210 月	17.392272	240 月	19.859541

第3節　経過的職域加算額（旧３階給付）の概要

第１　経過的職域加算額の共通事項

年金一元化法の施行に伴い「職域加算額（３階部分）」は廃止されましたが、平成27年９月以前の組合員期間を有する者で、年金一元化法の施行日である平成27年10月１日（本節及び第４節において単に「施行日」といいます）以降、新たに第２号厚生年金被保険者期間（同期間とみなされる施行日前の組合員期間（以下「旧国共済組合員期間」といいます）も含まれます）を基礎とする老齢厚生年金、障害厚生年金又は遺族厚生年金の受給権を取得する者（施行日前に特別支給の退職共済年金を受けていた者で施行日以後に65歳となる者も含まれます）に対して、旧国共済組合員期間を計算の基礎とする「経過的職域加算額（旧３階部分）」の給付が行われます(年金一元化法附則36条１項）。

原則として、「**老齢厚生年金＋退職共済年金の経過的職域加算額**」、「**障害厚生年金＋障害共済年金の経過的職域加算額**」又は「**遺族厚生年金＋遺族共済年金の経過的職域加算額**」という組み合わせで支給されることになります。

経過的職域加算額は、従来どおり公的年金の一部として支給されます（所得税法上、退職共済年金の経過的職域加算額は雑所得として公的年金等控除の対象となり、また障害共済年金及び遺族共済年金の経過的職域加算額は非課税の扱いを受けます）。

なお、経過的職域加算額については、連合会が保有する積立金のうち、厚生年金保険事業に要する部分（実施機関積立金）以外の部分として、年金一元化法施行時点で仕分けられた積立金（年金一元化法附則49条の4）とその運用収入等を財源に、将来にわたり支払うこととされています。したがって、組合員が改めて経過的職域加算額の支払いに要する費用を保険料などのかたちで負担することはありません。

■経過的職域加算額の基礎となる期間は平成27年9月以前の組合員期間

経過的職域加算額は、年金一元化法施行前の職域加算額を保障する趣旨で設けられている制度ですので、経過的職域加算額の基礎となる期間は、旧国共済組合員期間に限られます。

なお、年金額の計算は、平成15年3月以前（総報酬制実施前）の旧国共済組合員期間に係る額は同月以前の平均標準報酬月額に給付乗率を掛けて、同年4月以後（総報酬制実施後）の旧国共済組合員期間に係る額は同月以後の平均標準報酬額に給付乗率を掛けてそれぞれ計算した額の合算額とされていますが、この場合の平均標準報酬額は、平成27年9月までの各月の標準報酬月額と標準期末手当等の額の総額を平均して算出することになります。

■経過的職域加算額の決定・支払者及び支給期月

経過的職域加算額は、受給権者の請求に基づいて連合会が決定し、及びその支払いを行います。賃金や物価等による年金額の改定も厚生年金保険給付と同様に行われます。

年金は、その支給事由が生じた日の属する月の翌月から支給事由のなくなった日の属する月までの分が支給されますが、厚生年金保険給付と同様に、原則年6回偶数月（支給期月）に前月までの2か月分が支給されます。

第2　退職共済年金の経過的職域加算額

退職共済年金の経過的職域加算額の受給要件

旧国共済組合員期間を有する者（1年以上の引き続く旧国共済組合員期間を有する者に限られます）が、年金一元化法による改正前の国共済法（本節において「改正前国共済法」といいます）による「本来支給の退職共済年金（65歳以後受給する退職共済年金）」又は「特別支給の退職共済年金（65歳に達するまで受給する退職共済年金）」の受給要件を、施行日以後に満たすこととなった場合には、従来の退職共済年金の職域加算額（3階部分）に相当する経過的職域加算額を受給することができます（年金一元化法附則36条1項）。

前述のように、施行日前に特別支給の退職共済年金を受けていた者で施行日以後に65歳となる者は、65歳に達したときに特別支給の退職共済年金の受給権が消滅し、新たに本来支給の老齢厚生年金の受給権が発生することになりますので、ここでいう「施行日以後に受給要件を満たすこととなった場合」に該当します。

一般的には、第2号厚生年金被保険者期間を基礎とした老齢厚生年金（2号老厚年）と同時に受給要件を満たすこととなりますので、老齢厚生年金と併給のかたちで給付が行われます。

経過措置　1年以上の引き続く組合員期間を有する者

受給要件には、従来の退職共済年金の職域加算額と同様、「1年以上の引き続く組合員期間を有する者」であることが必要とされていますが、施

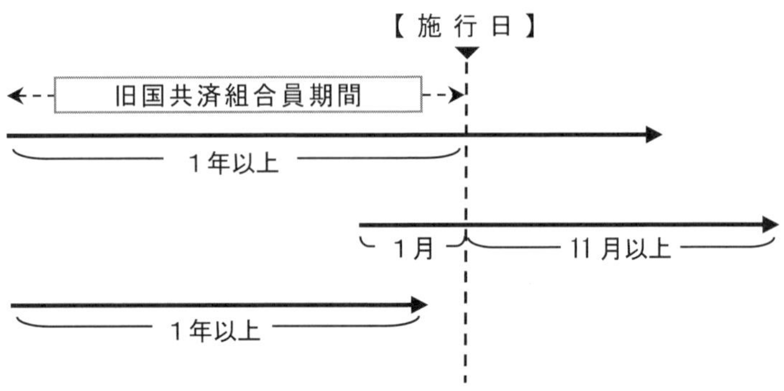

行日に引き続く施行日以後の第２号厚生年金被保険者期間があり、両者を通算して１年以上あれば、「１年以上の引き続く組合員期間を有する者」に該当するものとして取り扱われます（前頁の図参照）。

退職共済年金の経過的職域加算額の年金額

退職共済年金の経過的職域加算額は、次のア又はイの場合の区分に応じて、それぞれ次の計算式により求めた額です（平成 12 年改正法附則 11 条、年金一元化法附則 36 条５項、８項、年金一元化国共済経過措置政令８条１項等）。

ア）旧国共済組合員期間が 20 年以上（又は旧国共済組合員期間と第２号厚生年金被保険者期間を合算して 20 年以上）の場合

次の①＋②の額
①平均標準報酬月額（令和６年再評価後ベース）×0.475/1000～1.425/1000（生年月日別）×H15.3 以前の旧国共済組合員期間月数
②平均標準報酬額（令和６年再評価後ベース）×0.365/1000～1.096/1000（生年月日別）×H15.4 以後の旧国共済組合員期間月数

イ）旧国共済組合員期間が 20 年未満（又は旧国共済組合員期間と第２号厚生年金被保険者期間を合算して 20 年未満）の場合

次の①＋②の額
①平均標準報酬月額（令和６年再評価後ベース）×0.238/1000～0.713/1000（生年月日別）×H15.3 以前の旧国共済組合員期間月数
②平均標準報酬額（令和６年再評価後ベース）×0.183/1000～0.548/1000（生年月日別）×H15.4 以後の旧国共済組合員期間月数

※　イは、給付乗率がア（20 年以上の場合）に比べ２分の１になっています。

その他

■退職共済年金の経過的職域加算額の受給開始年齢

特別支給の老齢厚生年金（２号老厚年）と併せて支給される退職共済年金の経過的職域加算額の受給開始年齢は、老齢厚生年金と同様、次のような生年月日に応じた経過措置が設けられていますが、年金一元化法施行前の特別支給の退職共済年金と特段の変更はありません（改正前国共済法附則12条の3の2）。

生　年　月　日	受給開始年齢
昭和28年4月2日～昭和30年4月1日	61歳
昭和30年4月2日～昭和32年4月1日	62歳
昭和32年4月2日～昭和34年4月1日	63歳
昭和34年4月2日～昭和36年4月1日	64歳

■退職共済年金の経過的職域加算額の在職中の支給停止

退職共済年金の経過的職域加算額の受給権者が組合員である場合には、その組合員である間、全額が支給停止となります（年金一元化法附則36条10項、11項、年金一元化国共済経過措置政令11条、12条）。老齢厚生年金のようないわゆる在老のしくみは設けられていません。これも、改正前国共済法の職域加算額と同様の取扱いです。

■繰上げ受給の請求又は繰下げ受給の申出

退職共済年金の経過的職域加算額は、老齢厚生年金と同じ条件で、受給権者が選択することにより繰上げ受給の請求又は繰下げ受給の申出をすることができます（改正前国共済法78条の2、附則12条の2の2等）。なお、この繰上げ受給の請求については、老齢厚生年金と同時に行わなければならないこととされていることに加え、老齢基礎年金の繰上げ請求ができるときは老齢基礎年金の請求も同時に行わなければならないこととされているため（厚年法附則７条の３第２項）、結果的に老齢厚生年金、退職共済年金の経過的職域加算額及び老齢基礎年金の全てについて同時に繰上げ受給の請求を行う必要があります。

繰下げの申出に関しては、老齢基礎年金は同時に申出を行う必要はありませんので、老齢基礎年金を65歳から、老齢厚生年金と退職共済年金の経過的職域加算額は70歳からという選択も可能です。

■退職共済年金の経過的職域加算額の失権

退職共済年金の経過的職域加算額は、65歳前のいわゆる特別支給の老齢厚生年金と併せて受給するものについては受給権者が死亡したとき又は65歳となったとき、65歳以後のいわゆる本来支給の老齢厚生年金と併せて受給するものについては受給権者が死亡したときに、それぞれ受給権が消滅します（改正前国共済法80条の2、附則12条の5）。

誌面の都合上、障害共済年金の経過的職域加算額の解説は省略しています。詳細については「年金一元化後の公務員のあたらしい年金制度」(共済組合連盟発行)をご覧ください。

第３　遺族共済年金の経過的職域加算額

遺族共済年金の経過的職域加算額の受給要件

旧国共済組合員期間を有する者が施行日以後に遺族厚生年金の受給要件(161頁参照)のいずれかに該当した場合には、その遺族は、遺族共済年金の経過的職域加算額を受給することができます。ただし、施行日以後の組合員期間中に初診日のある公務傷病により死亡した場合には、その遺族に退職等年金給付（新３階部分）の公務遺族年金が支給されますので、遺族共済年金の経過的職域加算額は支給しないこととされています（年金一元化法附則36条3項、4項）。

なお、遺族厚生年金の受給要件のア及びイに該当して遺族共済年金の経過的職域加算額を受給するためには遺族厚生年金と同様、保険料の納付要件を満たす必要があります。

このように、一般的には第２号厚生年金被保険者期間を基礎とした遺族厚生年金（２号老厚年）と同時に受給要件を満たすこととなりますので、遺族厚生年金と併給するかたちで給付が行われます。

遺族共済年金の経過的職域加算額を受給する遺族の範囲

遺族共済年金の経過的職域加算額を受給できる遺族の範囲は遺族厚生年金を受給できる遺族の範囲と同じです（163頁参照）。

一元化法施行前は、先順位者である配偶者が死亡した場合に後順位者である父母等に順次受給権が移動していく「転給」という共済独自の制度がありましたが、遺族共済年金の経過的職域加算額は遺族厚生年金と受給者の範囲を合わせているために、転給制度は廃止されました（厚年法59条2項、年金一元化法附則36条10項、11項、年金一元化国共済経過措置政令12条1項）。

遺族共済年金の経過的職域加算額の年金額

遺族共済年金の経過的職域加算額は、年金一元化法施行前の遺族共済年金の職域加算額と同様の計算を行うものですが、従来死亡の原因が公務又は通勤災害（公務等）によるものと、公務等以外によるもので年金額の計算方法が異なっていました。

遺族共済年金の経過的職域加算額についても、従来の考え方をそのまま踏襲し、公務等によるものと公務等以外によるものに分けて計算式が定められていますが、ここでは公務等以外によるものについての計算式を紹介します（改正前国共済法89条等）。

① 遺族厚生年金の受給要件のア～ウに該当する死亡の場合（短期要件）

旧国共済組合員期間（旧国共済組合員期間が300月未満であるときは300月とします）を基礎として計算した改正前国共済法の遺族共済年金（短期要件）の職域加算額

この場合、平成15年3月以前の組合員期間がある場合には同月以前と同年4月以後の組合員期間の月数の割合に応じて300月みなしの額を計算します（従前の職域加算額と同じ計算方法です）。

② 受給要件のエ及びオに該当する死亡の場合（長期要件※）

◆旧国共済組合員期間が20年以上（又は旧国共済組合員期間と第2号厚生年金被保険者期間を合算して20年以上）の場合

旧国共済組合員期間を基礎として計算した組合員期間が20年以上の場合の改正前国共済法の遺族共済年金（長期要件）の職域加算額

◆旧国共済組合員期間が20年未満（又は旧国共済組合員期間と第2号厚生年金被保険者期間を合算して20年未満）の場合

旧国共済組合員期間を基礎として計算した組合員期間が20年未満の場合の改正前国共済法の遺族共済年金（長期要件）の職域加算額

※　旧国共済組合員期間が20年未満（又は旧国共済組合員期間と第2号厚生年金被保険者期間を合算して20年未満）の場合には、経過的職域加算額の給付乗率が20年以上の場合に比べ2分の1となります（従来

の職域加算額と同じです）。

また、長期要件の場合、生年月日による給付乗率の経過措置がありますが、これも従来の職域加算額と同じです。

その他

■遺族共済年金の経過的職域加算額の支給停止（厚年法65条の2、66条、年金一元化国共済経過措置政令11条、12条1項）

夫、父母又は祖父母に対する遺族共済年金の経過的職域加算額、配偶者や子に対する遺族共済年金の経過的職域加算額は、遺族厚生年金と同様(168頁「遺族厚生年金の支給停止」参照）、夫、父母又は祖父母については受給権者の年齢等によって支給が停止され、配偶者と子の間では同順位でも受給の順序が決まっていて、原則として配偶者に遺族共済年金の経過的職域加算額が支給され、子は支給が停止されます。

■国家公務員災害補償法による遺族補償年金等との調整

遺族共済年金の経過的職域加算額の受給権者が国家公務員災害補償法による遺族補償年金や労働者災害補償保険法による遺族補償年金等を受給できる場合には、重複支給を避ける目的で、その受給できる間、遺族共済年金の経過的職域加算額のうち組合員期間300月に相当する部分の額が支給停止されます（改正前国共済法93の3、年金一元化国共済経過措置政令8条1項）。

■遺族共済年金の経過的職域加算額の給付率の経過措置

遺族共済年金の経過的職域加算額については、その受給権が生じた日（死亡した日）が令和7年10月1日以後である場合には、退職等年金給付（新3階給付）の遺族への一時金給付の給付率が給付算定基礎額の50％であること等を考慮して、現在の給付率（死亡した者の受けていた老齢給付の4分の3相当）を将来的に低下させる経過措置が設けられています。

具体的には、令和7年10月1日以後に死亡した場合にはその死亡日の区分に応じて4分の3（75%）の給付水準が徐々に引き下げられ、令和16年10月1日以後の死亡の場合には死亡した者の受けていた老齢給付の2分の1（50%）相当になることとされています（年金一元化法附則36条6項）。

支給事由発生日（死亡日）	給付率
平成27年10月1日～令和 7年9月30日	75.0%
令和 7年10月1日～令和 8年9月30日	72.5%
令和 8年10月1日～令和 9年9月30日	70.0%
令和 9年10月1日～令和10年9月30日	67.5%
令和10年10月1日～令和11年9月30日	65.0%
令和11年10月1日～令和12年9月30日	62.5%
令和12年10月1日～令和13年9月30日	60.0%
令和13年10月1日～令和14年9月30日	57.5%
令和14年10月1日～令和15年9月30日	55.0%
令和15年10月1日～令和16年9月30日	52.5%
令和16年10月1日～	50.0%

■遺族共済年金の経過的職域加算額の失権

遺族共済年金の経過的職域加算額は、受給権者が死亡した場合や婚姻(事実婚を含みます）をした場合等、遺族厚生年金の失権事由（168頁「遺族厚生年金の失権」参照)に掲げる事由に該当したときには、その受給権が消滅します（改正前国共済法93条の2、年金一元化国共済経過措置政令8条1項）。

年金一元化法施行前の遺族共済年金で認められていた次順位者（配偶者から父母等）への転給は行われませんので、施行日以後は、配偶者と子の間を除いて、権利が移転することはありません。

第4節　施行日前に受給権の生じた年金（既裁定年金）の取扱い

施行日前に受給権が生じた退職共済年金、障害共済年金及び遺族共済年金などの既裁定年金については、年金額等の基本的な部分は従来と同様に取り扱われますが、年金一元化法施行前から厚生年金との間で取扱いが不均衡となっている事項があり、被用者年金の一元化を機に、できるだけ厚生年金の取扱いに合わせることを基本に一部見直しが図られています。ここではこうした事項や制度の移行に伴う経過措置など、特に注意を要するポイントについて紹介します。

共通的な事項

■支払未済給付の受給者の範囲

既裁定の年金受給権者が施行日以後に死亡した場合に、支払未済給付金を受給する者の範囲が、厚生年金に合わせ変更され、死亡した者の死亡当時その者と生計を同じくしていた配偶者、子、父母、孫、祖父母、兄弟姉妹及びその他の3親等内の親族となりました（改正前国共済法45条、年金一元化国共済経過措置政令15条1項）。これまで認められていた遺言等による法律上の相続人は対象外となっています。

■年金額の端数処理

年金一元化法の施行により、施行日以後に受給権が発生する年金については、年金額に1円未満の端数があるときはその端数を四捨五入し、1円単位の額とすることとされていますが、従来100円未満の端数を四捨五入し100円単位の額とされていた既裁定年金についても、平成28年4月分の年金額から1円単位の額に改定されています（改正前国共済法115条、年金一元化国共済経過措置政令15条1項、16条）。

■既裁定年金の受給権者が死亡した場合の遺族給付

既裁定年金の受給権者が施行日以後に死亡した場合には、その遺族は遺族共済年金ではなく厚年法の遺族厚生年金を受給することになります。この遺族厚生年金は第2号厚生年金被保険者期間とみなされた旧国共済組合員期間を基礎とする年金（2号遺厚年）で、連合会から支給されることとなります（厚年法58条、年金一元化法附則20条等）。

退職共済年金に関する事項

■施行日以後に障害者特例の請求をした場合の年金額の改定

特別支給の退職共済年金の受給権者が、施行日以後に退職し、第1号から第4号までのいずれの厚生年金被保険者でもなくなり、かつ、65歳到達前に3級以上の障害等級に該当している場合には、従来どおり、請求によって、その請求のあった翌月から、退職共済年金の額の算定の基礎となっている旧国共済組合員期間を基礎とした定額部分と加給年金額を加算した額に改定された退職共済年金を受給することができます。

■施行日以後退職した場合の長期加入者特例による年金額の改定

特別支給の退職共済年金の受給権者が、施行日以後に退職し、第1号から第4号までのいずれの厚生年金被保険者でもなくなり、かつ、退職共済年金の算定の基礎となっている旧国共済組合員期間と施行日以後の第2号厚生年金被保険者期間を合算して44年以上となるときは、退職共済年金の額が、旧国共済組合員期間を基礎とした定額部分と加給年金額を加算した額に改定されます。

この場合の44年の加入期間は、同一の種別の厚生年金被保険者期間でなければならず、異なる種別の厚生年金被保険者期間の合算は認められていませんので、連合会から受給している特別支給の退職共済年金の場合には、施行日以後の第２号厚生年金被保険者期間のみが合算の対象となります。

また、この改定に合わせ施行日以後の第２号厚生年金被保険者期間を基礎とした老齢厚生年金（２号老厚年）が新規に裁定されますが、この場合の老齢厚生年金についても定額部分が加算された額を受給することができます（156頁「特別支給の老齢厚生年金の年金額」参照）。

【事例】旧国共済組合員期間と第２号厚生年金被保険者期間のみを有している場合

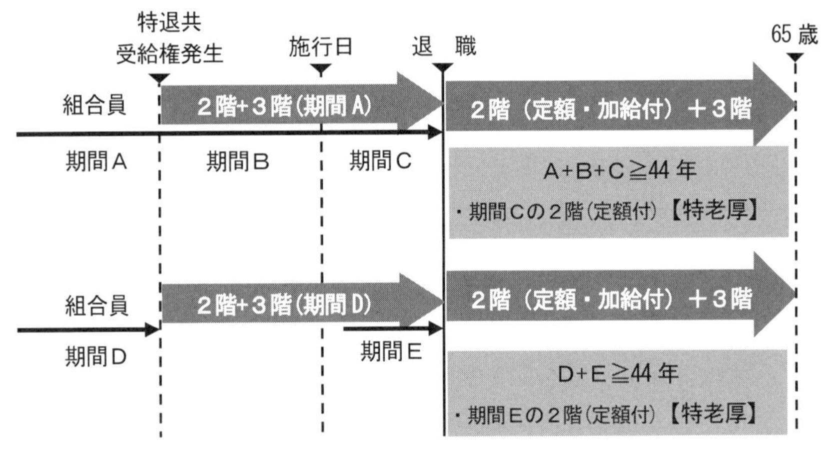

注）退職による改定後の年金額は、特別支給の退職共済年金、特別支給の老齢厚生年金とも長期加入者特例が適用になります。

■在職中の支給停止

年金一元化法施行前は、制度内に在職中はいわゆる「在老」のしくみが、また公務員を退職して厚生年金等に加入した場合には「所得制限」のしくみがそれぞれ適用されていましたが、年金一元化法の施行によって被用者年金制度が厚生年金に一本化されたため、公務内で再雇用のケースでも民間に再就職のケースでも、すべて厚生年金被保険者となるため、65歳未満は「低在老」のしくみが、65歳以上は「高在老」のしくみが等しく適用されることとなりました。

また、複数の年金を受給している場合の支給の停止額の計算は、受給する全ての年金額を合算して基本月額を算出することになりました。

一元化前までは、年金ごとに、「在老」であれば28万円が、「所得制限」であれば47万円が控除されその2分の1の額が支給停止額とされていましたが、全ての年金額を合算して停止額を計算することとされたことにより、控除額がこれまでと変わらなかったとしても、これまでより支給停止額が厳しくなるケースが生じてきます。

この変更後の在老の仕組みは既裁定年金にも、平成27年10月分以後適用されることとなっていますので、従来に比し大幅に支給停止額が増加する場合には、経過措置として激変緩和措置が設けられています（詳細は173頁「被保険者である間の年金の支給停止」参照）。

■施行日以後に65歳となる者の年金の取扱い

前述の経過的職域加算額でも述べたように、施行日前に既に特別支給の退職共済年金を受給している者が施行日以後に65歳となった場合には、退職共済年金の受給権が消滅し、新たに老齢厚生年金が裁定され連合会から支給されることになっています。そこで、従来の職域加算額は退職共済年金の経過的職域加算額として老齢厚生年金とともに受給することとなります。

障害共済年金に関する事項

障害共済年金の受給権者が、組合員として在職している間及び厚生年金の被保険者や国会議員、地方議会議員等である間、従来は障害共済年金の一部が支給停止されていましたが、施行日以後は、これら厚生年金の被保険者等として在職していても、支給停止されることはなくなりました（年金一元化法附則 37 条 3 項、年金一元化国共済経過措置政令 17 条）。ただし、受給権者が第２号厚生年金被保険者である間は、従来の取扱いと同様、職域加算額に相当する部分の支給は停止されます（年金一元化国共済経過措置政令 51 条 1 項）。

遺族共済年金に関する事項

既裁定の遺族共済年金について、施行日に現に受給している遺族のほかに後順位の遺族がいる場合には、その後順位の遺族は、施行日以後、遺族共済年金を受ける遺族に該当しないこととなります。したがって、施行日以後、先順位の遺族が失権したとしても、後順位の遺族には遺族共済年金は転給されません(年金一元化法附則 37 条 3 項）。

実際の転給事例は配偶者又は子から父母への転給が大半とされていますが、事例件数としてはそう多くはないとされています。

【施行日以後は転給がない事例】

◆配偶者又は子が受給権者であるとき・・父母、孫、祖父母には転給なし

◆父母が受給権者であるとき・・・孫、祖父母には転給なし

◆孫が受給権者であるとき・・・・祖父母には転給なし

第5節　基礎年金の概要

基礎年金は、その支給事由によって、老齢基礎年金、障害基礎年金、遺族基礎年金の3種類に区分され（国民年金法15条）。それぞれの受給要件、年金額等は次のようになっています。

なお、国民年金には、基礎年金のほか独自給付として寡婦年金と死亡一時金の給付がありますが、いずれも自営業者等の国民年金被保険者のみに適用される制度ですので、詳細は省略します。

第1　老齢基礎年金

老齢基礎年金の受給要件

老齢基礎年金は、大正15年4月2日以後に生まれた者で、保険料納付済期間、保険料免除期間（全額免除期間、4分の3免除期間、半額免除期間、4分の1免除期間）及び合算対象期間を合算した期間が10年以上あるものが65歳に達したときに受給要件を満たします（国民年金法26条、附則9条）。

老齢基礎年金の年金額

老齢基礎年金の額は、816,000円（昭和31年4月1日以前生まれは、813,700円）（令和6年度価格）で、これは20歳から60歳までの40年間がすべて保険料納付済期間（国民年金の保険料を全額納付した期間又は厚生年金保険制度や年金一元化法施行前の被用者年金各制度に加入していた期間若しくはその被扶養配偶者であった期間）であった場合の年金額です（国民年金法27条）。

しかし国民年金制度が発足したのは昭和36年4月であるため、被用者年金の加入期間も同月以後の期間しか保険料納付済期間として扱われないこととされており、同月に20歳を超えていた者については、60歳に達しても保険料納付済期間が480月（40年）を満たすことができません。

そこで、保険料納付済期間が生年月日別に次表の加入可能年数を満たせば、保険料納付済期間が480月あるものとして、満額の老齢基礎年金が受給できる経過措置が設けられています（昭和60年国民年金法等改正法附則13条）。

加入可能年数

生　年　月　日	加入可能年数
大15.4.2～昭 2.4.1	25年（300月）
昭 2.4.2～昭 3.4.1	26年（312月）
昭 3.4.2～昭 4.4.1	27年（324月）
昭 4.4.2～昭 5.4.1	28年（336月）
昭 5.4.2～昭 6.4.1	29年（348月）
昭 6.4.2～昭 7.4.1	30年（360月）
昭 7.4.2～昭 8.4.1	31年（372月）
昭 8.4.2～昭 9.4.1	32年（384月）
昭 9.4.2～昭10.4.1	33年（396月）
昭10.4.2～昭11.4.1	34年（408月）
昭11.4.2～昭12.4.1	35年（420月）
昭12.4.2～昭13.4.1	36年（332月）
昭13.4.2～昭14.4.1	37年（444月）
昭14.4.2～昭15.4.1	38年（456月）
昭15.4.2～昭16.4.1	39年（468月）
昭16.4.2～	40年（480月）

上記の加入可能年数の特例によってもなお保険料納付済期間が不足する

場合や保険料免除期間がある場合には、老齢基礎年金の額は、その不足する月数や保険料免除期間の月数に応じて次の計算式により算定した額に減額されます（国民年金法27条）。

〈保険料納付済期間等が不足する場合の老齢基礎年金の計算式〉

$$816,000円^{*}\times\frac{保険料納付済月数+1/4免除月数\times7/8(5/6)+半額免除月数\times3/4(2/3)+3/4免除月数\times5/8(1/2)+全額免除月数\times1/2(1/3)}{加入可能年数\times12}$$

(注)（　)内の分数は平成21年３月以前の免除期間に適用する割合。

昭和31年４月１日以前生まれの老齢基礎年金の額(＊)は、813,700円。

学生等の保険料納付特例期間及び30歳未満の若年者保険料納付猶予期間は、保険料全額免除期間類似の期間ですが、いわゆるカラ期間であり、保険料を追納しない限り年金額には反映しませんが、産前産後の保険料免除期間は満額の年金額に反映されます。

振替加算

(1)　振替加算の支給要件

昭和61年の基礎年金制度発足後は、いわゆる専業主婦も65歳以後本人名義の老齢基礎年金を受給することになりましたが、基礎年金制度発足前は、専業主婦は希望する者だけが国民年金に任意加入するしくみであったため、任意加入期間がない場合、基礎年金制度発足時の年齢によっては60歳までの国民年金の加入期間が短いことから、65歳までに老齢厚生年金や障害厚生年金に加算されていた加給年金額よりも老齢基礎年金の額の方が低額となることが生じ得ます。そこで、老齢厚生年金や障害厚生年金の加給年金額の対象となっていた配偶者が65歳に達して加給年金額が加算されなくなったときは、その配偶者の老齢基礎年金に振替加算が加算されます(昭和60年国民年金法等改正法附則14条)。

妻が夫より年上で、妻が65歳に達したときに夫の老齢厚生年金に加給年金額が加算される年齢に達していないような場合には、夫の老齢厚生年金に加給年金額が加算される年齢に達したときに妻の老齢基礎年金に振替加算が加算されます。

なお、振替加算の対象となる配偶者自身が、老齢厚生年金で被保険者期間が20年以上のもの(2以上の種別の厚生年金被保険者期間があるときは、全ての被保険者期間を合算した期間が20年以上のもの)及び障害厚生年金などを受けているときは、加算されません(同条1項ただし書)。

⑵ 振替加算の額

振替加算の額は、加給年金額に生年月日に応じて一定の率を乗じた額で、具体的な金額は次表のようになっています(同項、昭和61年国民年金法等改正法経過措置政令24条)。

金額は、老齢基礎年金の受給者の生年月日により一律に決められていますので、仮に妻が基礎年金制度発足前の配偶者であったすべての期間について国民年金に任意加入し、満額の老齢基礎年金を受給できる場合でも振替加算額は次表の金額が加算されます。

老齢基礎年金の振替加算額(令和6年度価格)

生年月日	振替加算額	生年月日	振替加算額
大15.4.2～昭 2.4.1	234,100円	昭19.4.2～昭20.4.1	121,732円
昭 2.4.2～昭 3.4.1	227,779円	昭20.4.2～昭21.4.1	115,411円
昭 3.4.2～昭 4.4.1	221,693円	昭21.4.2～昭22.4.1	109,325円
昭 4.4.2～昭 5.4.1	215,372円	昭22.4.2～昭23.4.1	103,004円

昭　5.4.2～昭　6.4.1	209,051円	昭23.4.2～昭24.4.1	96,683円
昭　6.4.2～昭　7.4.1	202,965円	昭24.4.2～昭25.4.1	90,597円
昭　7.4.2～昭　8.4.1	196,644円	昭25.4.2～昭26.4.1	84,276円
昭　8.4.2～昭　9.4.1	190,323円	昭26.4.2～昭27.4.1	77,955円
昭　9.4.2～昭10.4.1	184,237円	昭27.4.2～昭28.4.1	71,869円
昭10.4.2～昭11.4.1	177,916円	昭28.4.2～昭29.4.1	65,548円
昭11.4.2～昭12.4.1	171,595円	昭29.4.2～昭30.4.1	59,227円
昭12.4.2～昭13.4.1	165,509円	昭30.4.2～昭31.4.1	53,141円
昭13.4.2～昭14.4.1	159,188円	昭31.4.2～昭32.4.1	46,960円
昭14.4.2～昭15.4.1	152,867円	昭32.4.2～昭33.4.1	40,620円
昭15.4.2～昭16.4.1	146,781円	昭33.4.2～昭34.4.1	34,516円
昭16.4.2～昭17.4.1	140,460円	昭34.4.2～昭35.4.1	28,176円
昭17.4.2～昭18.4.1	134,139円	昭35.4.2～昭36.4.1	21,836円
昭18.4.2～昭19.4.1	128,053円	昭36.4.2～昭41.4.1	15,732円

老齢基礎年金の繰上げ受給

老齢基礎年金は、本来65歳から受給することになっていますが、請求により、60歳以後の希望する年齢から受給することもできます。この場合繰上げ受給を請求した月から65歳に達する月の前月までの月数1月ごとに0.4%年金額が減額されるので、60歳から受給を希望すると24%減額された年金を一生涯受けることになります(国民年金法附則9条の2)。

なお、老齢厚生年金の報酬比例部分と退職共済年金の経過的職域加算額の繰上げ受給の請求も可能である者については、これらの請求は同時に行わなければならないこととされています（同条2項、厚年法附則7条の3第2項、改正前国共済法附則12条の2の2第2項）。

老齢基礎年金の繰上げ受給を選択すると、障害厚生年金や障害基礎年金について事後重症による改定等が適用されなくなるということがありますので注意が必要です（厚年法附則16条の3第1項、国民年金法附則9条の2の3等）。

また、老齢基礎年金を65歳より前に繰り上げて受給しても、振替加算は65歳からしか受給できません。

老齢基礎年金の繰下げ受給

老齢基礎年金は、66歳以後の希望する年齢から繰り下げて受給することも可能で、この場合、65歳から繰下げ受給を請求した月の前月までの月数1月ごとに0.7％（最大84％）年金額が増額されます（国民年金法28条）。

繰下げ受給の請求は、66歳に達するまでに障害や死亡を支給事由とする年金の受給権を有しているときはすることができず、また、これらの年金の受給権を66歳以後に取得し、かつ、繰下げ受給の請求をしようとするときは、その請求はこれらの年金の受給権を取得した日になされたものとみなされます（同条1項、2項）。

繰下げ受給の請求をすると、振替加算もその繰り下げたときからしか受給できなくなりますが、振替加算額については、繰り下げたことによる増額はありません。

付加年金

国民年金には、年金を将来受け取る際に年金額を増額させる方法として、通常の保険料に加えて付加保険料を納付し、付加年金を受給することができる制度があります（国民年金法43条～48条）。

付加年金の保険料額は、1か月400円とされており、任意加入を含む国民年金の第1号被保険者が申出をすることによって納付することができますが、保険料の全額及び一部免除者並びに国民年金基金の加入者は納付することができません。なお、農業者年金の被保険者は希望の有無にかかわらず、付加保険料の納付義務があります。

付加年金は、付加保険料を納付した者が老齢基礎年金の受給権を取得したときに、老齢基礎年金に加算（付加）して受給します。

付加年金の年金額は、付加保険料の納付月数に200円を乗じた額とされていますが、金額は固定で、スライド等による年金額の改定は適用されません。

老齢基礎年金の繰上げ受給又は繰下げ受給を選択した場合には、付加年金もそれにあわせて繰上げ又は繰下げとなります。減額又は増額される割合は、老齢基礎年金本体と同じ割合です。

第２　障害基礎年金

障害基礎年金の受給要件

障害基礎年金は、①初診日において国民年金の被保険者（国民年金の第２号被保険者及び第３号被保険者も含まれます）であるか、②国民年金の被保険者であった者で初診日において日本国内に住所を有する60歳以上65歳未満の者が、障害認定日に障害の程度が１級又は２級に該当する障害の状態にあるときに受給することができます（国民年金法30条）。

なお、障害厚生年金と同様の保険料納付要件があります（同条、昭和60年国民年金法等改正法附則20条1項）。

障害厚生年金と同様、事後重症等によっても障害基礎年金が支給され、また、障害の程度が増進し、又は減退した場合には年金額の改定が行われます（国民年金法30条の2、30条の3、34条）。

特　例　20歳前に初診日がある者等の特例

20歳前に初診日がある場合で、20歳に達した日又は障害認定日のいずれか遅い日に障害等級の１級又は２級に該当する障害状態にあるとき、あるいはその後65歳に達するまでの間に、その傷病により障害等級の１級又は２級に該当する障害状態となり、請求があったときにも障害基礎年金が受給できます。この場合に限り保険料の納付要件は問われません（国民年金法30条の4）が、かわりに、同一生計配偶者や扶養親族の有無及び数に応じて、前年の所得金額が一定の金額を超えるときには、その年の10月分から翌年の９月分までの年金が子の加算額を除いた２分の１又は子の加算額を含んだ全額が支給停止される所得制限があります(国民年金法36条の3)。

前述のとおり60歳から65歳の間に初診日がある者の傷病についても障害基礎年金は受給できますが、厚生年金の被保険者である場合を除いて、初診日に繰上げ支給の老齢基礎年金を受給していないことが条件となっています（国民年金法附則9条の2の3）。

障害基礎年金の年金額

障害基礎年金の額は、基本年金額に子の数に応じた加算額を加えた額です。

基本年金額は、2級が816,000円（昭和31年4月1日以前生まれは、813,700円）（令和6年度価格）で1級はその1．25倍の1,020,000円（昭和31年4月1日以前生まれは、1,017,125円）です（国民年金法33条）。

また、加算額は、子2人まで1人につき234,800円（令和6年度価格）、3人目から1人につき78,300円（同）とされています。

配偶者は障害厚生年金の方で加算されるので、障害基礎年金には配偶者の加給年金額の制度はありません。

対象となる子の範囲、生計維持要件、加算額の失権などは老齢厚生年金の加給年金額と同様ですが、障害厚生年金の配偶者の加給年金額と同じように、加算額対象者の要件は障害基礎年金の受給権取得時に限定されませんので、受給権取得後に生まれた子や養子縁組をした子等についても加算額の対象となります（国民年金法33条の2）。

障害基礎年金の支給停止及び失権

障害基礎年金は、障害の程度が軽快し、2級に該当しなくなったときには、支給が停止されます（国民年金法36条）。

また、受給権者が死亡したときにその権利が消滅しますが、そのほか、障害厚生年金の障害等級の3級に該当しない程度に障害が軽快したまま65歳に達したとき（65歳に達したときに3級以上に該当しなくなってからまだ3年を経過していないときは、3年を経過したとき）にも、権利が消滅します（国民年金法35条）。

第３　遺族基礎年金

遺族基礎年金の受給要件

遺族基礎年金は、次のいずれかに該当したときに受給要件を満たします（国民年金法37条、附則9条）。この場合の死亡には、船舶や航空機の事故による死亡の推定及び失踪宣告による死亡も含まれます。

ア 国民年金の被保険者（厚生年金の被保険者及びその被扶養配偶者（20歳以上60歳未満）も含まれます。次のイも同様です）が死亡したとき

イ　国民年金の被保険者であった者で日本国内に住所を有する60歳以上65歳未満の者が死亡したとき

ウ　老齢基礎年金の受給権者（保険料納付済期間等が25年以上である者に限る）が死亡したとき

エ　保険料納付済期間等が25年以上である者が死亡したとき

なお、アとイについては、遺族厚生年金と同様の保険料納付要件を満たしていることが必要です（同条、昭和60年国民年金法等改正法附則20条2項）。

遺族の範囲

遺族基礎年金を受けることのできる遺族は、①子を有する配偶者（夫が死亡したときは妻、妻が死亡したときは夫）か②子に限定されています（国民年金法37条の2）。遺族厚生年金と異なり、子のいない配偶者、父母、孫、祖父母は受給できません。対象となる配偶者及び子の生計維持要件等は遺族厚生年金と同様です。

遺族基礎年金の年金額

遺族基礎年金の額は、基本年金額816,000円（昭和31年4月1日以前生まれは、813,700円）に子の数に応じた加算額を加えた次の額とされています（いずれも令和6年度価格）。

子が受給する遺族基礎年金は、子の数で等分した額を、それぞれの子が受給します（国民年金法38条～39条の2）。

⑴　配偶者が受給する遺族基礎年金

816,000円（昭和31年4月1日以前生まれは、813,700円）に子2人まで1人につき234,800円、3人目から1人につき78,300円を加えた額

⑵　子が受給する遺族基礎年金

ア　子が1人のとき

816,000円

イ　子が2人以上のとき

816,000円に234,800円を加え、子が3人以上いるときは、更に3人目から1人につき78,300円を加えた額

遺族基礎年金の支給停止

配偶者と子が遺族である場合の遺族基礎年金は、配偶者に全額が支給され、子は支給停止されます。また、子のみが遺族である場合の遺族基礎年金は、生計を同じくするその子の父又は母がいるときは、支給が停止されます（国民年金法41条2項）。

遺族基礎年金の年金額の改定と失権

胎児であった子が出生すると、遺族基礎年金の額は増額改定されます（国民年金法 39 条 2 項）。

配偶者又は子が次の失権事由に該当すると遺族の資格を失います（国民年金法 40 条）。配偶者が失権し、又は複数いる子のうちのいずれかが失権すると残りの子の数に応じて遺族基礎年金の額が減額改定されます（国民年金法 39 条 3 項）。

すべての子が失権し遺族に該当しなくなったときは、配偶者だけでは遺族基礎年金の支給要件は成立しないので、受給権は消滅します。

ア）死亡したとき

イ）婚姻をしたとき（事実婚を含む）

ウ）直系血族又は直系姻族以外の者の養子となったとき

エ）離縁によって死亡した者の子でなくなったとき

オ）１級又は２級の障害の状態にある子以外の子について、18 歳に達した日の属する年度末が到来したとき

カ）１級又は２級の障害の状態にある子について、18 歳に達した日の属する年度末以降 20 歳に達するまでの間にいずれの状態にも該当しなくなったとき

キ）１級又は２級の障害の状態にある子について、20 歳に達したとき

第6節　年金と税金

老齢厚生年金や老齢基礎年金など、老齢を支給事由とする給付や退職等年金給付の退職年金は、所得税法上「雑所得」とされ（所得税法35条2項）、年金の支払いの際に所得税が源泉控除されます（所得税法203条の2）。障害及び死亡を支給事由とする年金は非課税とされています。

なお、給与と異なり、地方税（都道府県民税及び市区町村民税）は源泉控除（特別徴収）されませんので、普通徴収（納付書）のかたちで納付することになります。

所得税の源泉控除

1月から12月の1年間に受け取る退職や老齢を支給事由とする年金から一定の所得控除をした上で所得税が源泉控除されますが、その際「公的年金等控除」以外の配偶者控除、扶養控除等の人的控除を受けるためには、あらかじめ年金の支払者に「公的年金等の受給者の扶養親族等申告者」を提出しておく必要があります。ただし、年金の支払額が、65歳未満の場合は108万円、65歳以上の場合は158万円（老齢基礎年金が併給される老齢厚生年金の場合は80万円）未満の場合には、源泉徴収は要しないこととされています（所得税法203条の7、所得税法施行令319条の12、租税特別措置法施行令26条の27）ので、扶養親族等申告書の提出も必要がありません（年齢はその年の12月31日で判断されます）。なお、年金支払者に源泉徴収義務がないということに過ぎず、所得税が免除されるということではありませんので、日本年金機構と連合会など複数の実施機関から年金を受給しているケースや年金を受給しながら不動産所得があるケース等では別途確定申告が必要な場合があります。

「公的年金等の受給者の扶養親族等申告書」は人的控除を受けるためのものなので、公務員を退職後民間会社等で勤務するような場合、給与支払者に「給与所得者の扶養親族等申告書」を提出していると、両方から人的控除を受けてしまうことになりかねませんので、年金の支払者には「公的年金等の受給者の扶養親族等申告書」は提出しないようにする必要があります。

公的年金等からの源泉徴収には、給与のように年末調整がないので、年金の受取額が年の途中で大きく減額になった場合には別途確定申告をすると所得税が還付されることがあります。また、源泉徴収は年金の支払者ごとに行われるので、二以上の支払者から公的年金等を受けている場合や年金のほかに給与所得、不動産所得、雑所得がある場合、医療費控除、生命保険料控除、損害保険料控除、社会保険料控除がある場合などにも、確定申告で年税額を精算する必要があります。この場合は、公的年金等の収入金額から公的年金等に係る雑所得以外の所得に係る合計所得金額に応じた「公的年金等控除額」を差し引いた金額が公的年金等の所得金額となります。

公的年金等に係る雑所得以外の所得に係る合計金額が
1,000万円以下の場合の公的年金等控除額

公的年金等の収入金額（A）	公的年金等控除額
410万円以下	A×25%＋27.5万円
410万円超770万円以下	A×15%＋68.5万円
770万円超1,000万円以下	A×5%＋145.5万円
1,000万円超	195.5万円

計算の結果が60万円（65歳以上の場合は110万円）に満たないときは、60万円（65歳以上の場合は110万円）が「公的年金等控除額」となります。

源泉徴収税額（所得税法203条の3、租税特別措置法41条の15の3）

ア「公的年金等の受給者の扶養親族等申告書」を提出した者

源泉徴収税額＝（年金支払額（介護保険料や医療保険料が源泉徴収されている場合は徴収後の金額）－次の控除額×２）×（５％＋５％×2.1％（復興特別所得税分））

5.105％

年金支給額から控除額を差し引いた額（１月当たり）が162,500円を超える部分の所得税の税率は、10％となります。

控除額（１月当たりの金額であるので、定期支給の際には、この２倍の金額が控除額となります）

■基礎的控除額

基礎的控除額（月額）
支給額の月割額×25％＋65,000円 （最低90,000円。ただし65歳以上は最低135,000円）

月割額は年金額の1/12の額で、４の整数倍でないときは切り上げて４の整数倍とします。

■人的控除額（二以上の内容に該当するときは合算額）

内　　　容	人的控除額（月額）
受給者本人が障害者であるとき	22,500円 （特別障害者35,000円）
受給者本人が寡婦又はひとり親であるとき	22,500円 （ひとり親30,000円）
控除対象配偶者がいるとき	32,500円 （老人控除対象配偶者40,000円）
扶養親族（16歳以上）がいるとき	１人につき32,500円 （特定扶養親族52,500円） （老人扶養親族40,000円）
控除対象配偶者及び扶養親族が障害者であるとき	１人につき22,500円 （特別障害者35,000円） （同居特別障害者62,500円）

特定扶養親族とは、19歳以上23歳未満の者

老人控除対象配偶者、老人扶養親族とは、70歳以上の者

障害者控除は16歳未満の扶養親族も障害の程度等によって対象となります。

（注）65歳以上で老齢基礎年金を受給するときは、基礎的控除額と人的控除額の合計額から47,500円が減額されます。

イ「公的年金等の受給者の扶養親族等申告書」を提出していない者

公的年金等（扶養親族等申告書の提出をすることができないものを除く。）の支払を受ける居住者で当該公的年金等について扶養親族等申告書を提出していないもの

源泉徴収税額＝（年金支払額（介護保険料や医療保険料が源泉徴収されている場合は徴収後の金額）－基礎的控除額×２）×（５％＋５％×2.1％（復興特別所得税分））

5.105％

年金支払額から基礎的控除額を差し引いた額（１月当たり）が162,500円を超える部分の所得税の税率は、10％となります。

（注）扶養親族等申告書の提出をすることができない公的年金等とは、確定給付企業年金、確定拠出年金（企業型又は個人型年金規約による老齢給付金）等をいいます。

ウ　令和６年６月以後に支払われる公的年金等に係る所得税の特別控除

（租税特別措置法41条の３の9）

令和６年６月１日以後最初に支払を受ける公的年金等に係る源泉徴収税額は、その額から年金特別控除額（3万円と一定の同一生計配偶者又は扶養親族１人につき３万円との合計額）を控除した金額（控除しきれない部分の金額があるときは、それ以後に支払を受ける公的年金等に係る源泉徴収税額から順次控除した金額）となります。

また、令和６年度分の個人住民税所得割額からも、納税者及び配偶者を含めた扶養家族１人につき１万円の減税を実施することとされ、各徴収方法に応じて、早い機会を通じて行うとしています。

社会保障制度の変遷（概要）

昭和

23年 7月　旧国家公務員共済組合制度（旧法）施行

29年 1月　私立学校教職員共済組合制度施行

29年 5月　新厚生年金保険制度施行

31年 7月　公共企業体職員等共済組合制度施行

33年 7月　新国家公務員共済組合制度（新法）施行（長期給付制度は34年1月施行）

34年 1月　農林漁業団体職員共済組合制度施行
国民健康保険制度施行（国民皆保険）

34年10月　非現業恩給公務員の国家公務員共済組合制度への統合

34年11月　国民年金制度（無拠出）施行

36年 4月　国民年金制度（拠出制）施行（国民皆年金）

36年11月　通算年金制度施行（36年4月から適用）

37年12月　地方公務員共済組合制度施行

48年11月　高額療養費制度導入(当初は家族対象。一部負担金の改正に伴い、59年10月から本人にも対象範囲拡大)
公的年金に物価スライド制導入（49年8月分から実施）

49年 6月　短期給付に任意継続組合員制度導入

51年10月　通算遺族年金制度導入

55年 7月　共済年金支給開始年齢の段階的引上げ（55歳→60歳）

56年 7月　国家公務員共済組合に短期給付財政調整事業導入

58年 2月　老人保健制度施行

59年 4月　公共企業体職員等共済組合制度を国家公務員共済組合制度に統合

59年10月　退職者医療制度施行（国民健康保険法）

60年 4月　日本専売公社・日本電信電話公社民営化

61年 4月　基礎年金制度導入

船員保険年金部門の厚生年金への統合

国家公務員共済組合で標準報酬制に移行

62年 4月　日本国有鉄道民営化

平成

元年 4月　完全自動物価スライド制導入(5%条項の撤廃)

2年 4月　被用者年金制度間の費用負担の調整措置（制度間調整事業）施行

7年 4月　定額部分・加給年金額の加算開始年齢の段階的引上げ（60歳→65歳）

9年 1月　基礎年金番号制度の導入

9年 4月　旧三公社共済年金の厚生年金への統合、制度間調整事業廃止

12年 2月　日本・ドイツ社会保障協定発効（その後イギリス、韓国、アメリカ等各国と通算協定締結）

12年 4月　介護保険制度施行

年金の給付水準5%適正化、報酬比例部分・職域加算額の支給開始年齢の段階的引上げ（60歳→65歳）

14年 4月　農林漁業団体職員共済年金（農林年金）の厚生年金への統合

15年 4月　総報酬制の導入

16年10月　マクロ経済スライドによる年金額改定方式の導入

国共済と地方共済の年金財政一元化と財政調整事業導入

19年 4月　離婚等による年金の合意分割制度導入（3号分割制度は平成20年4月施行）

20年 4月　高額医療・高額介護合算制度導入

高齢者医療制度施行（老人保健制度、退職者医療制度の全面見直し）

20年10月　全国健康保険協会（協会けんぽ）発足、政府管掌健康保険事業を社会保険庁から移行

21年 9月　国共済と地方共済が共通の年金保険料率を算定

22年 1月　日本年金機構発足、国民年金、厚生年金保険事業を社会保険庁から移行

社会保険職員共済組合解散

26年 4月　マクロ経済スライドが初めて一部発動

27年 4月　特例水準廃止、マクロ経済スライド本格発動

27年 10月　被用者年金制度の一元化により、共済年金制度を厚生年金保険制度に統一

年金払いの退職給付としてキャッシュ・バランス型の退職等年金給付制度創設

29年 8月　年金受給資格期間の短縮（25年→10年）

令和

4年 4月　在職定時改定の導入、65歳未満の在職老齢年金（低在老）の見直し（支給停止開始基準額の引上げ）、年金受給開始時期の選択肢の拡大（70歳→75歳）

4年 10月　短時間労働者への短期給付の適用拡大

よくわかる
国家公務員の医療・年金ガイドブック（令和６年度版）

平成16年12月15日　初版発行
平成28年 4月25日　改題
令和 6年5月 1日　改訂第18版（令和６年度版）発行

定価 1,210円（本体 1,100円＋税 10%）

著　者　工 藤 哲 史

発行所　一般社団法人 共 済 組 合 連 盟

東京都千代田区富士見町1－7－5
共済ビル内（〒102－0071）
TEL（03）3261-0073
FAX（03）3261-0086